目次

前言

託各位的福，這是本系列的第三集了。

一切都要感謝購買本書的讀者。我打從心底萬分感激。

在本系列中，出場人物都以假名稱呼。儘管我皆有事先取得當事人同意才將故事寫進書裡，不過我在撰寫時仍更動了一部分內容。這是為了避免透露有關當事人身分及事發地點的詳細資訊，還望各位諒解。

世界上還有許多科學尚無法證明，不可思議的故事。

本書中也會出現一些乍看荒誕，令人難以置信的故事。也說不定，我親身經歷過的那些體驗，或許真的只是妄想或誤會一場。

但回頭看現實世界中發生的事，有些經歷又讓我不得不相信這一切。好比說第一則大黑天神的故事，我實在難以把它單純視作一場夢或偶然。

我寫的這些內容，不管各位相信與否，其中都蘊含著許多值得學習的道理。

我打著「怪談說法」的名號，跑遍日本全國各地分享這些故事。

而我最大的心願，就是希望閱讀本書的各位，能從中獲得一些提醒，進而調整自身，朝幸福更靠近一步。

接下來，請各位盡情享受這個離奇怪誕的世界。

第一章

天眼

佛教中有「神通力」這個詞。換成現代用語，差不多等同於靈感應力或超能力吧。神通力分為六種，其中一種是天眼。天眼是置身色界（有身體卻沒有煩惱及欲望的人所在的世界）的天人所具備的能力，能看透這世界上的萬事萬物。比方說，能看到輪迴轉世的情況，過去或未來，以及遙遠世界的影像。

如果有機會獲得天眼這項能力，每個人應該都會想要吧。光是有能力預知未來這一點，就極為吸引人。

不過，這也不是只有好處。為什麼呢？其實很多事當下不知情更好，知道了只會搞得自己方寸大亂。

從上述內容看起來，未來似乎早已決定好了。但實際上並非如此。即使現在透過天眼看見的，是一個充滿不幸的世界，未來依然有機會改變。箇中法門，就是在每個當下保持真誠和彈性。能否迎向美好的未來，取決於這一刻的自己怎麼活。關鍵在於，此時此刻就選擇能夠扭轉未來的生活方式。

下面幾個不可思議的故事，令我不由得猜想，其中是否蘊含了天眼神奇的力量？

大黑天神顯靈

這是我剛搬進蓮久寺時的故事。

我在本堂隔壁的房間睡覺，衣衫襤褸的大黑天神出現在夢中了。「我要走啦。」夢裡的大黑天神一口道地關西腔，拋下這句話便從本堂大門走出去。那時，祂掛在肩上的大袋子掉出幾樣閃閃發光的寶物。

「大黑天神，東西掉了喔。」

我出言提醒。

沒想到大黑天神回過頭說：

「那點小東西，大雲，就送你了。」

那瞬間我立刻從夢中醒來，發現自己端端正正地跪坐在坐墊上。至今為止我從來不曾以跪坐姿勢醒來。因此，我深信這個夢肯定是真的。

可是我從未在蓮久寺裡看過大黑天神的佛像。難道大黑天神的佛像藏在寺內某處嗎？我抱著這個猜想在寺中搜尋，還真的在本堂角落的牆壁縫隙中，發現了夢裡的大黑天神。

祂一身模樣也正如夢裡所見，表面顏色剝落，木頭也腐朽了。翻到背後一看，肩上掛的袋子缺了一角，寶物八成就是從這個缺口掉出來的。

蓮久寺原本是一間幾乎沒有檀家的佛寺，不僅建築物有多處破損，漏雨問題也十分嚴重。每逢雨天，就寢前都必須在各處擺上水桶。

除了建築物本身，最叫我訝異的是佛像的狀態。幾乎每一尊佛像的手腳都有殘缺，其中有的佛像甚至連手腕都斷了，整隻手無助地懸掛著。情況如此悽慘，大黑天神要離開也是無可厚非。

我深切感到修復所有佛像，就是自己當上住持的第一項任務。

於是我主動聯繫寥寥無幾的檀家，懇請他們捐款。檀家們為了應允我的請求，一方面也是祝賀新住持上任，眾人鼎力相助籌措費用，終於順利完成佛像修復。

只可惜，經費不足以連同夢中出現的大黑天神一起修復。

因此我向佛像道歉，這麼說：

「大黑天神，光是修復釋迦牟尼和文殊普賢菩薩，錢就用光了。真的對不起。這裡再次跟您抱歉，但是，大黑天神，您可以自己想想辦法嗎？」

儘管稍嫌禮數不周，但大黑天神既然是福德之神，應該有能力自己籌措修復費用。

說完這些話，為避免佛像破損得更加厲害，我決定暫時寄放在佛壇店裡。

沒想到才寄放三天，佛壇店就把大黑天神送回來了。

我們原本的約定是，雖然不曉得要花上多少年，但在籌到修復費用前，佛像就先暫放在他們那裡。結果現在才區區三天就送還回來了。

當我詢問原因時，據對方所述，從寄放大黑天神的那一天起，佛壇店就異常忙碌，一連三天顧客都絡繹不絕。他一想到這可能是因為大黑天神的緣故，心裡有點害怕，就把佛像送回來了。同時還捐贈了店裡一部分的營業額。

我只好把回到寺裡的大黑天神安置在本堂，再次向祂這麼說：

「大黑天神，您破損得很嚴重，最好稍微加緊腳步籌措修復費用。」

說完這句話隔天，從未謀面的小學二年級男孩跟他媽媽來到寺裡。

詢問兩人來意，媽媽表示，「想捐香油錢給佛祖。」

「現在寺裡剛好在籌措大黑天神的修復費用。如果您願意捐款，我會替您祈願，祝您未來一年幸福順遂。」我回答。

她聽了便說，請務必讓她捐款。接著拿出一個陶製的大豬撲滿，臉色凝重地說：「在打破這個撲滿前，我有一件事想拜託您。」

她說，希望只用兒子的名義捐贈。

我詢問理由，她回覆，母子倆是單親家庭，常讓兒子感到寂寞，身為母親，希望他能遇上好事，才想這麼做。

聽完後我告訴她，「妳不用擔心。不光是您兒子，請讓我以兩位的名義祈願。」但那位媽媽堅持「只用兒子的名義」。任憑我講了好幾次要用兩位的名義，她還是執意只用兒子名義捐款，互不相讓一陣子後，我才勉為其難地同意了。

我請她在紙上寫下兒子的姓名，在本堂打破撲滿。從撲滿中灑落出來的全是五百日圓硬幣，細算後，正好是十萬日圓整。

由於她方才提及他們是單親家庭，經濟上並不寬裕，我就說她的好意我心領了，錢還給他們。

沒想到她堅決表示要全額用兒子的名義捐款，毫不退讓，無奈之下我只好收下那筆捐款。

我向大黑天神請求，「請用其他方式把錢還給她喔。」接著用半開玩笑的口吻向那對母子說，「附近開了一家彩券行，回去時順道買張彩券說不定會中獎呢。」

他們離開後，過了一個小時左右，兩人又回到寺裡。我以為是忘了東西，走出來一瞧，那位媽媽手裡拿著一張紙。那是刮刮樂的彩券，她告訴我，他們中了十萬日圓。

「看來大黑天神一分不差地將捐款還給您了呢。」

我這麼說完，兩人非常高興地回去了。

又過了幾天，那對母子再次來到寺裡，告訴我一件極具衝擊性的事實。

「其實那一天，我原本打算先殺了小學二年級的兒子，再接著自殺。」

那位媽媽流著淚這麼說。

一位媽媽獨自扶養小孩，日子十分艱辛。她第一次來寺院那天，原本計畫要在捐完香油錢後就帶著小孩一起尋短。

她堅持用兒子的名義捐款，也是希望即將被自己殺害的兒子，能有機會前往極樂世界。而她選擇蓮久寺的理由，是因為碰巧經過時看見寺廟瓦片搖搖欲墜，猜想這間寺可能快倒閉了，應該會願意接受臨時的捐款。

「沒想到卻發生了奇蹟。」

她興奮地雙手合十，敘述後續發展。

離開蓮久寺後買的彩券中獎，攜子自殺這個念頭也就暫時擱下了。隔天她立刻去銀行兌換獎金。十萬日圓雖然回到手裡，但光靠這些錢仍舊不足以支應生活。她心想，既然這筆錢是大黑天神好意歸還的，今天就帶兒子去吃一頓好的吧。於是，他們去了一間嚮往已久的高級餐廳，不料當天店家卻碰巧臨時休息。

她跟滿懷期待的兒子約好，明天再一起過來，兩人便踏上歸途。

回家路上，母子倆剛好經過賽馬券的販售處，她不知怎地深受吸引，明明至今從未玩過賽馬，那一天卻糊里糊塗就走進去了。

她一邊懵懂地請教旁人，一邊胡亂挑一個號碼，就這樣買下了十萬日圓的賽馬券。買完之後，她才終於回過神，想起自己和兒子約好明天要一起去吃高級餐廳的事，內心後悔不已。

她還沒搞清楚狀況，比賽就已經開始了，沒多久又在盛大的歡呼聲中結束。

直到她去換錢時，才曉得自己居然中了「萬馬券」，獲得一千萬日圓的鉅款。

這次她是特地過來感謝大黑天神，要以自己和兒子兩人的名義捐獻一部分獎金。如今，她以那筆錢作為本金做起了生意，現在擁有穩定的收入。

之後陸續又相繼出現多個類似案例，大黑天神不斷收到捐款，僅短短兩個月左右就籌到了修復費用。

修復完成後，佛壇店把煥然一新的大黑天神送了回來。大黑天神現在是美輪美奐到叫人幾乎要認不出來了，但還缺個佛龕（安放佛像，有左右兩扇門的小櫃子）。因此我對祂說：

「大黑天神，這次來蓋您要住的家怎麼樣呢？」

結果隔天，幫忙修復大黑天神的佛壇店老闆跑來了，還說了一件事。

「我最近接受一間寺廟的委託製作了佛龕，完成後才發現一件不可思議的事。釋迦牟尼居然長高了，放不進佛龕裡。不過，我突然注意到那個佛龕是紅色的，就想到蓮久寺的赤門，心想說不定你們家的大黑天神想要，就拿過來了。」

他承諾如果佛龕尺寸正好適合大黑天神的話，就要捐贈出來。談妥後我們試著將大黑天神放進去，大小正好。轉眼間，大黑天神就連自己家都搞定了。

這時我才想起，大黑天神在夢中出門後就沒再回來，我便向祂說：

「我不曉得您回來了沒有，但回來時請至少打聲招呼說句『我回來了』。」

隔天，我認識的拆除業者來到寺裡，他說正在拆除的建築物裡有幾尊神像，想麻煩我先誦經再幫忙處理掉，就拿了過來。

那是以陶器製成的七福神，不過布袋尊和大黑天神破了，正確來說只剩下五福神。

「請擺在本堂前面。」我說完，拆除業者放下神像就回去了。

他回去後，我保持本堂大門敞開的狀態，為七福神誦經。誦完經，石材店老闆剛好過來找我問事情。我就順便麻煩他處理七福神。他先將毀損的兩尊帶回去，並說明天再開卡車來載剩下五尊，就離開了。

隔天早晨，石材店老闆開著卡車過來。我想著他要來把神像運回去了，不料他卻突然開始卸下大塊石頭。

現在是什麼情況？我不可思議地在旁邊看著他三兩下就蓋好了一座石台。我對其精湛手藝佩服不已，好半晌才猛然回神。

「石材店老闆，這個石台究竟是做什麼用的？」

「咦？住持，昨天你不是說想擺神像，拜託我做一個佛台嗎？」

但我絕對沒說過這種話。我不可能這樣說。因為寺裡根本沒有這種錢。

「老闆，是不是你聽錯了？」我一邊說，一邊動手將五尊七福神一一排上剛完工的佛台。

「怪了，我明明有仔細量過尺寸。」

石材店老闆疑惑側頭，低聲說。

「怎麼了嗎？」我問。他表示佛台做得稍嫌過大，五尊神像中間看起來太空了。

我們正在討論這是怎麼一回事時，一位不認識的先生走進來。

那位先生是拆除業者，剛拆完附近的民宅。在我詢問來意後，他表示拆除過程中，在庭院靠近簷廊的地方發現了幾尊神像，想問我能不能幫忙誦經再處理掉。我一看，正是布袋尊和大黑天神。

「來得正好。」石材店老闆見狀立即說道，迅速把兩尊神像擺到台上。結果，七福神恰到好處地占滿了台上的空間。「這個佛台捐給蓮久寺。」他拋下這句話就離開了。

我心想，這說不定是大黑天神在向我表達：「我回來囉，還帶夥伴一起回家了。」

那之後正好又過了十年，去年的新年期間發生了一件事。

寺內建築因為近年來的地震和颱風嚴重受損，再不整修不行了。

為了掌握情況，我先請認識的建築業者估價，對方回答大約要花費一億八千萬日圓。

「光靠蓮久寺的檀家和我個人的收入，實在籌不出這種鉅款。」

我一邊向本堂裡的佛像及大黑天神出示報價單，一邊這麼說。

當天夜裡。

「喂——喂——」

不知道從哪裡傳來熟悉的聲音。我循聲望去，發現頭頂上的天空有一架細長型的交通工具。再仔細一瞧，原來是一艘船，而且大黑天神就站在船的最前頭，身後七福神全到齊了。

「喂——大雲，你好嗎？」

大黑天神主動問候我。

「我很好，就是寺裡的整修計畫……」

我話說到一半，祂就開口打斷。

「大雲，五花啊，去買五花回來。」

大黑天神說完這句話，就乘船消失了蹤影。

我回過神，才發現自己又端正跪坐在墊子上頭了。隔天，我便按照祂昨晚的吩咐去買五花。

「不好意思，請給我五花。」

到了肉舖，老闆閒聊似地提問：

「住持，你新年要吃肉啊？」

「不是我，是大黑天神叫我買的。」

我回答後，老闆接著說，「那該不會是指彩券吧。」我從未買過彩券，不曉得原來有種彩券叫作「五花」。

仔細想想，神明確實不可能從新年就大啖五花肉，於是我決定前往彩券行。

「不好意思，請問有五花嗎？」

「有，您要買多少呢？」店員問。

「那請給我兩百公克。」我說完，對方笑著告訴我，「單位是一次十張喔。」我覺得好丟臉，但仍順利買到十張彩券。彩券上頭的圖案，碰巧正是七福神。

然後又過了幾個月，我徹底將彩券的事拋諸腦後。

正當我已忘得一乾二淨時，大黑天神又來到我的夢中。

「喂，大雲。金錢的果實已經成熟了，趕快去採。」

大黑天神一如往常說著關西腔，講完這句話就消失了。

到了早上，我反覆思索他的話中含意，才猛然想起彩券的事。前去兌換後，竟然中了頭獎一億五千萬日圓。

回到寺裡，我向佛祖和大黑天神致謝。但距離重建所需的費用還有三千萬日圓的缺口。

「剩下的請自己想辦法。」祂是這個意思吧？

為什麼我身為僧人，卻要講述怪談故事呢？既然人過世後也依然存在，就代表佛祖和神明自然也都存在於這個世上。我想向大眾傳達這件事，才會一直講這類故事。

社會上有許多人正陷入艱難的處境，也有許多人將來免不了要遇上難關。但請各位千萬不要放棄人生，好好地活下去。

儘管你認為自己孤身一人，但佛祖永遠與你同在。就好似小孩全心玩耍時，遠處總有帶著關愛眼神的父母在守護一樣。

AI語音辨識

那是我在斑馬線前等紅綠燈時的事。站在旁邊的年輕男性突然笑起來，開口說話。

我吃驚地望向那位男性，才發現他戴著耳機。沒錯，他正在用手機聊天。我還以為他在和什麼看不見的存在交流，擔心了一下，原來並非如此。

仔細回想，年輕時社會上根本沒有手機這種物品。手機最初剛面世時，體積比現在大得多，還需要掛在肩膀上。

隨著時光流逝，手機逐漸縮小成可以收進口袋的尺寸，大家只要戴上耳機就能輕輕鬆鬆地與他人交談。人類的科學實力到底能發展到何等程度，我實在無法想像。

其實前陣子，有件事也令我震驚於科技的進步。那是一家電腦產業公司老闆招待我去他家時發生的事。

他來自中國，平常都待在中國工作。不過這次由於日本新居落成，邀請我過去作客。

他說，這間新房子不光解決了待在日本期間的住宿問題，同時也是為了測試最新的ＡＩ程式。

他邀請我過去的時間，是晚上七點鐘過後。

我一抵達老闆家門前，就四處張望想找按鈕按下對講機，卻根本連對講機的影子都沒看到。

正當我站在玄關前拿出手機要打電話給他時，「請問是哪位？」機械性合成語音響起。

我不確定聲音是從哪裡傳來的，但我一回答「我是三木大雲」後，那個聲音就說：「正在等您大駕光臨，請進。」玄關的大門自動開啟。

真不愧是ＡＩ程式公司的老闆，我很快就意識到這是一間裝設了ＡＩ機能的房子。

我脫掉鞋子踩上屋內地板，「歡迎光臨。請往右手邊的客廳前進。」那個聲音甚至告訴我接下來該進入哪間房。

我按照指示朝客廳走去，門就自己打開了，而房裡的沙發上，就坐著老闆本人。

「三木住持，等你好久了。怎麼樣？這間屋子，厲害吧？」

老闆自豪地對我說。

我緩緩在沙發坐下，又聽見了不知來處的那個聲音說：

「貴賓，請問要喝咖啡或其他飲料嗎？」

「咖啡就好。」我回答後，緊接著是一連串的問題，要熱的還是冰的？要加糖嗎？要加牛奶嗎？

根據老闆的說明，只要回答完問題，咖啡就會自動泡好，而且ＡＩ會把我這次的回答都儲存起來，逐步學習三木大雲這個人的飲料偏好。

「難道泡好咖啡後，也是由機器人端過來嗎？」

我好奇提問後，結果是老闆親自去幫我端來咖啡，看來目前還難以做到這種地步。

喝咖啡時，我一邊聽著老闆說明這間屋子的各種功能。基本上，系統的設計是做任何事都不需要動手按按鍵，只要呼叫屋子的名字，說出希望它做的事，它就會按照指示完成。

譬如「開冷氣」、「關燈」這類任務，全靠語音就能管理。更叫人驚歎的是，如果詢問系統「現在這間屋子裡有幾個人在？」的話，它會回答：「有兩個人在客廳裡。」

據說這是因為屋內裝設了人體偵測器，可以透過體溫和人臉辨識系統等資訊來確定人數。

我還在為這些最先進的功能吃驚時，老闆又說了這種話，「三木住持，你以前跟我說過，總有一天靈感應力可以用科學來證明，對吧？」

只要科學持續進步，有一天必定能夠證明靈異現象和靈魂是真實存在的。這確實是我常掛在嘴邊的話。

「沒錯，我認為科學足以證明的那一天肯定會來，只是不曉得那會是多久以後而已。」我如此回答。

老闆聽了便表示，那一天或許很快就要到了。

「那是什麼意思呢？」

「三木住持，其實我今天邀你來，也是想要進行一項實驗。」

我不明白他的意思，疑惑地偏過頭。

但他只說：「你很快就會知道了，再陪我一下。」

於是，我們繼續待在客廳裡聊天，而房裡燈光似乎稍微變暗了些。

下一刻，「快要九點了。」合成語音響起。

我心想，也不好意思打擾人家到太晚，便主動說：「那我今天就先回去了。」

「請你再待一會兒。」結果老闆卻如此回應。

然後，老闆表示希望我過去寢室。他領著我朝寢室走去，電燈愈來愈昏暗。老闆說：「平常我這時間就直接上床睡覺了。」

我正要開口問到底會發生什麼事時。

屋子的語音系統突然啟動了。

「歡迎光臨。」機械性語音在屋內響起。

「有誰來了嗎？」我問。老闆回答，系統只會讓有登錄的人進門。但一陣子之後，又響起「歡迎光臨」的語音。

每當那道聲音響起，就能聽見玄關大門開了又關的聲響。

「歡迎光臨。」「歡迎光臨。」「歡迎光臨。」

空洞的機械性語音響了一次又一次。

幾分鐘後，語音突然戛然而止。

「老闆，這到底是怎麼一回事？」

「三木住持，其實我請你過來，就是為了這件事。」他繼續說，「接下來我想做個實驗。」然後，老闆向屋子提出了這個問題。

「現在這個屋子裡有幾個人？」

結果屋子給出了令人驚訝的答案。

「有二十二個人。」

合成語音毫無感情的回答，令我內心萌生些許恐懼。但老闆看起來倒是並不在意，又繼續追問。

「那二十二個人現在在哪裡？」

「在寢室。」語音立刻回答。

老闆看向我，面露淺笑開口說：

「三木住持，為了搞清楚這到底是系統出錯，還是真的辨識到靈體了，請你現在開始誦經。」

換句話說，如果系統把靈體的數量也算進去了，那麼誦完經後，這間屋子裡的人數應該會變回兩個人才對。要是誦完經人數也沒有變化，那就必須修正系統。

我開始誦經。誦經十五分鐘後，我請老闆再次確認人數。他也面露緊張的神色，再次開口詢問。

「現在，這間屋子裡有幾個人？」我用力吞下一口口水，靜候答案。幾秒鐘後，合成語音又用空洞的音色這麼回答。

「這間屋子裡有兩個人。」

順利達成任務讓我鬆了一口氣，離開老闆家。

在某個層面上，這項實驗考驗了我和電腦的可信度。在不遠的將來，或許真的會出現能夠偵測靈體存在的系統。

說不定到時候手機也將新增這項功能。不，可能現在就已經有了。我之所以這麼說，是因為有時候我明明一句話都沒說，手機卻自行出現反應詢問：「你需要什麼嗎？」或許那並不是在對我講話，而是在和靈體對話呢。

既視感

「昨天多謝你了。真不好意思讓你破費，下次換我請客。」

有一天，我在社群軟體上收到這則訊息。

但我並不真的認識傳訊息來的那個人。我說不真的認識，是因為我們雖然在社群軟體上是好友關係，可是我不曾見過對方。而且在社群軟體上，我連對方是男是女都分辨不出來。

我心想，對方應該是傳錯人了，便立刻回訊。

「剛才收到您傳來的訊息，似乎傳錯對象了。」

結果，對方馬上就回了。

回覆內容是：「咦？你是三木大雲住持沒錯吧？昨天你在〇〇購物商場請我

喝咖啡呀。」

他說的那家購物商場，我從未去過。更何況，昨天我一步也沒有踏出寺外。平常偶爾會收到這類惡作劇訊息，因此我就不再回應。

又過了幾天，一位中年男性來到寺裡。

「前幾天謝謝你了。」他劈頭就向我道謝，我卻不曉得他是誰。他或許是察覺到我困惑地不知該作何反應，主動解釋自己是之前在社群軟體上傳訊息的那個人。那位男性甚至還帶了謝禮，感覺不像單純在撒謊或搞錯對象。

於是我請那位男性進來，詳細說明和我碰面當天的情況。

「那一天是○月○日，地點是○○購物商場的咖啡廳，大概在中午前後。」

那位男性這麼說，但那是絕對不可能的。因為當天，我一整天都待在寺裡寫御札[1]。

1 御札，一種護符，可以擺在家裡的神壇或佛壇，或貼在門口、柱子等處，祈求神佛的保佑。

這位認為自己和我見過面的男性說，那天他到購物商場買東西。採買完，他想休息一會兒再回家，走進商場裡的咖啡廳，就看見我在裡面。

他以前就曾在電視及其他媒體上看過我，便主動上前搭話，「我常在電視上看到您。」

結果那個跟我很像的人高興地說，方便的話就一起喝杯咖啡吧。

男性也樂於有機會和我好好談話，就在同一張桌子旁坐下。

在談話過程中，那個像我的人說了一些像是「下個月〇日我要去東京工作」、「目前正在寫的書是這種內容」等，只有我本人才可能知道的內容。

而且像我的那個人說出的內容，實際上和事實是吻合的。

我甚至都懷疑是自己的記憶力出了問題，但那絕對不可能。

男性又說，當天他還聽到了這種事，然後說出了令人震驚的話。

那是關乎日本及全人類的未來。

〇年，日本會發生這種事，世界上會發生這種事，而〇年時則會變成這樣喔。一些簡直像預言一樣的內容。

我沒辦法反駁他。姑且先不論類似預言的部分，其他像是下個月的行程安排，甚至就連正寫到一半的書本內容，都跟事實一模一樣。

後來，那個像我的人先起身離開咖啡廳，出店前，他結清了兩人的帳單。

因此，來寺裡的那位男性也不管我再三拒絕，堅持留下謝禮才打道回府。

後來又過了幾天，我決定獨自去男性口中和我碰面的那間購物商場實地走訪。

前往購物商場的那段路程我是生平第一次走，就連建築物外觀也絲毫沒有印象或記憶。

接著，我朝男性口中的那間咖啡廳移動。一到咖啡廳所在的樓層，我就湧現一股不可思議的感覺。那就是「既視感」。

明明應該是初次造訪的地點或從未有過的體驗，卻讓人有種這是第二次發生的感覺。這就稱為既視感，法文是「déjà vu」。

我雖是第一次來，卻在抵達咖啡廳所在的樓層後，很清楚咖啡廳要往哪個方向走。

而且，往那裡走會先看到書店，經過書店後則是服飾店，這種熟悉的感覺深深籠罩著我。

那我的「既視感」是否吻合現實情況呢？我實際沿著那個方向走去，先是書店、再來是服裝店，最後真的到了咖啡廳。

和事實一致到這個地步，這已經超出不可思議的程度了，我內心甚至萌生出恐懼。為了穩定心情，我走進咖啡廳。

結果，一位男性後腳就跟著進來。我驚訝到差點叫出聲。

那位男性就是前幾天到寺裡來的那一位。

我不假思索地朝他走近，想主動搭話。沒想到那位男性一看到我的臉，就開口這麼說：

「啊，請問你是三木大雲住持嗎？我是你的粉絲。」

他熱情地表示希望握手，我也同意了。但那位男性的神情，卻是一副初次見到我的模樣。

當人莫名有種「以前曾經見過」的感覺時，或許是另一個自己經歷過的事也說不定。

相對地，也有一個詞叫作「未視感」，法文是「jamais vu」，指的是以前曾經發生過，然而卻彷彿從未經歷一般的感覺。

這一連串的奇異經驗，我至今從不曾向任何人提起。

現在卻寫進本書中，是因為那位男性告訴我的預言內容，有少數開始一一化作現實了。

逼車

人類的生活一年比一年更便利。

由我擔任住持的蓮久寺，從江戶時代就有了。當時的住持肯定想像不到，有一天會有電視、收音機、汽車、飛機或手機這類科技產物吧。

人類的生活日益便利固然是好事，但相反地，問題也隨之層出不窮。好比汽車，方便是方便，卻也導致了原本料想不到的車禍。或許出乎意料的車禍，正是汽車問世無可避免的附屬品。

我認識的德原先生就曾出過車禍。當時一收到消息我就立刻趕赴醫院探望。下面這個不可思議的故事，就是在那間醫院裡聽他敘述的。

德原先生務農維生。以前他曾這樣告訴我：「務農很棒喔。可以在涼爽舒適的風中，瀰漫泥土芬芳的環境裡，感受時間緩緩流動。這份工作會使人領略到大自然的恩賜，體會到人類有多渺小。」

德原先生可能因為平日都待在大自然環境工作，性格沉穩，總是面帶笑容，根本無法想像他焦躁的表情或生氣的模樣。

然而，個性溫和的德原先生卻在開車時因為來不及過彎，衝破護欄，掉到懸崖下方。

他本人的說法是，轉彎時車速催太快了。

仔細聽完他敘述，我才知道原來德原先生還有另一面。

他只要一握住汽車的方向盤，就會變個人似地猛催車速。

家人常出言提醒，他自己也明白這樣很危險，卻每每一回過神才發現又開太快了。

出事的那天，德原先生半夜開在一條山路上，前方有一輛車開得很慢。

那條山路曲折多彎，因此速限是三十公里這種慢速。他瞄了眼儀表板，發現車速稍微超過速限了，但開起來還是覺得慢。

路中央的黃色標線表示這裡禁止超車，也不能加速超過去，他便開始對前面那輛車閃燈。

德原先生敘述這段經過的沉靜表情及語氣，與他當時的行為反差實在太大，令我驚駭於一個人的內在世界可以有多麼深不可測。德原先生淡淡往下說。

我愈開愈煩躁，伸手頻頻按喇叭，一邊開始逼車。

前面那輛車卻繼續維持老牛拖車的速度，依然故我的開車方式使我更加火冒三丈。

德原先生用依然故我來形容對方的開車方式，我不由得好奇詢問，在沒辦法靠邊也沒辦法讓道的山路上，對方究竟要怎麼做，他才會滿意呢？但他只是略顯不好意思地漲紅雙頰，沒有給出令人信服的答案。

後來，德原先生拉近兩輛車之間的距離，貼在前車正後方繼續開。保持這種狀態下開了一陣子，前面那輛車總算是出現了變化。

山路進到下坡路段沒多久，那輛車突然開始加速。我心想，可能是因為下坡時車速本就容易變快，依然緊緊黏在對方車屁股後。沒想到前面那輛車用連我也幾乎追不上的速度過彎，將我遠遠拋在後頭。我與其說吃驚，更多是火大，他既然有辦法開這麼快，那剛才的老牛拖車到底是在搞什麼。我的理智頓時斷線了。

自那時起，我為了追上消失在前方的那輛車，速度又催得更快了，卻一直看不到前面那輛車的車尾燈。

在我注意到「自己此刻車速相當快」，內心有幾分驚疑不定時，忽然看見前方路上盤踞著一個巨大黑影。駛近後，原來是剛才跑在前面那輛車停在山路的正中央。我的車慢慢靠近後，那輛車的車尾燈忽然亮了，風馳電掣地再次飆向前方。這讓我感到「那傢伙真的在挑釁」，就將油門直踩到底，緊追在後。

這條山路我幾乎每天開，對路況相當熟悉，我有自信就算車速很快也不會出問題。

每當我快追上那輛車時，對方就會再次加速拉開距離，然後在前方停下等我駛近。這個情況循環了幾次後，我整個人卯起來想追上那傢伙，發狠踩下油門，總算追到車屁股後面，又形成我在逼車的狀態。就在我拼老命緊緊貼著那輛車向前開時，

「唔哇——」

忽然聽見震耳欲聾的引擎聲。那瞬間，擺在車裡的包包和帽子都飄浮到空中，體感簡直像在搭電梯下樓般，我剛回過神，耳際就炸開「碎唰——」的巨響，摔到懸崖下方。我立刻明白自己沒能轉過彎道，連人帶車掉下懸崖了。

不過那時候透過擋風玻璃望見的天空，呈現出極為不可思議的光景。原本開

在前頭的那輛車，一直飄浮在空中。我到現在都記得一清二楚，自己還看到了那輛車車底類似傳動軸的零件。

接著，一位男性從浮在半空中的車子出來，輕巧跳回山路上，站在護欄撞破的地方低頭看向我。

就在我和那位男性四目相接的瞬間，他的身體忽地縮小，四隻腳著地，沿著懸崖跑下來。

我內心怕到了極點，但事情太過突然，全身都嚇得無法動彈，只聽見汽車四周傳來喀沙喀沙的聲音，接著是「啾——啾——」，好似鳥鳴的聲音。

我的腿被卡在汽車方向盤和座位中間，眼看不可能憑一己之力脫身了。在那不曾稍停的陣陣怪聲中，我灰心地正想「今天說不定要死在這了」的時候，懸崖上方傳來「喂——你沒事吧？」的喊叫聲。我趕緊擠出全身力氣大喊：「救我。」沒多久就被送到醫院。

德原先生講完這段內容後，又再三說道：「我真丟人。實在是對不起。」

關於德原先生發生車禍的那條山路，其實有一個傳說。

那座山裡住著守護山林的狸貓，若有人對山不敬，牠們就會施予懲罰。

而德原先生年輕時，曾在這條山路上撞飛年幼的小狸貓。

他說，當時是那隻狸貓突然衝出來，所以並不認為自己有錯。山中的狸貓肯定是看他都到這把年紀了，心中仍然沒有一絲一毫的反省之意，氣不過才出手懲罰他的。

與此同時，在那種大半夜居然會有人來救他，也是有原因的。

附近居民告訴他，狸貓齊聲啼叫的夜晚，就表示有人在山裡遭到懲罰了，因此才會出門救人。在那個懸崖下方聽見的「啾——啾——」，就是狸貓發出的叫聲。

德原先生流淚自省，那些山中狸貓幫他把潛伏在自己心底的鬼驅走了。

逼車、酒駕、危險駕駛這些問題，都源自於駕駛人是否具備了正確的觀念。

汽車的確很方便，可一旦使用不當就會化為殺人凶器，這件事不言自明吧。

而人類的恐怖之處就在於，儘管大家心裡都很清楚這些事，卻還是有人一握住方向盤就會性格大變。

其實，只要每個人都在生活中保持平靜、安穩，就能建立起良好的人際關係，打造一個良善的社會，過上幸福生活。心裡明白卻做不到，或許正是人類的共業吧。

欲望

「滅亡總是咎由自取。」德川家康為後世留下了這句名言。他體認到，最應警惕的是鬆懈、奢侈浪費、心生嫌隙、背叛等來自於內部的敵人。

家康不光接受家臣保護，平時他也總是以身作則勤儉度日，這件事非常出名。

如果拿身處現代的我們和昔日治理天下的家康相比，生活上肯定是我們要享受放縱得多。

他雖是戰國時代君臨天下之霸主，夏天也沒有冷氣可吹。出門如果不用走的，頂多也只能乘轎子。

人類為了過上舒適的生活，發明了包羅萬象的物品。

隨之而來的卻是人類逐漸萌生「慢心」[1]，欲望日益膨脹。

比方說汽車，如果只是正常行駛並不會產生問題，但大家一看到車子具備了高速行駛的性能，就忍不住要追求更快的速度，最終導致車禍。

網路也一樣，使人不出門即能盡知天下事，還能和全世界各個角落的人交談。這同樣是一項極為便利的發明，已成為現代生活不可或缺的工具。

可是，因為人類的憤怒和愚昧，讓網路世界充斥著批判和酸言酸語。

前人煞費苦心發明了方便的工具，但如果人類內心成長的速度跟不上變化，就無法建立起一個美好的世界。

1 慢心，是自負、自滿的心，也就是自以為了不起的意思。是佛教六種根本煩惱（貪、嗔、痴、慢、疑、惡見）之一。

關鍵在於，「知足」。如果一個人不懂得滿足於此刻所擁有的一切，大概永遠也無法感到滿足。

我認為，對任何事都不能忘記感恩之心。

沉溺在欲望中的人容易自滿，多半常自詡自己很厲害，周圍其他人全都不行。

然而，秉持感恩心態生活的人則會說自己是個平凡無奇的普通人，幸虧周圍都是些好人，自己才能受到很多幫助。

不論未來將迎來何種時代，放下慢心，抱持感恩之心度日，會使我們朝幸福人生邁開一大步。

第二章

謊言

佛教中有「方便妄語」這個詞，涵義近似「善意的謊言」。謊言和方便，兩者究竟有怎麼樣的差別呢？

在《法華經》這部佛經中，有一章就叫作〈方便品〉。那一章裡寫道，至今為止的教誨都是方便善巧，接下來要開始闡述真實的教導。意思就是，在《法華經》之前的傳法內容，都是釋迦牟尼的方便善巧。

那麼，為什麼要用方便善巧呢？那是因為面對知識和智慧未開的人們，起初要透過簡單易懂的譬喻，讓他們慢慢接近真理。釋迦牟尼的方便善巧，是為了智慧尚淺的人類而用。

另一方面，謊言又是什麼呢？

說謊的目的，常是在於欺騙他人，掩飾自己的失敗，或者建立特定形象，而這些全是為了滿足自身的欲望及利益。

只為自身而說謊，是一件極為空虛的事。

從口中吐出空虛的話語，組合起來正是「嘘」（謊言）這個日文漢字。充斥著謊言的人生，會是一場空虛無比的人生。

下面，就來看看人們被這種謊言纏身的真實故事吧。

短刀

佛寺偶爾會有人拿些別有隱情的物品過來。

別有隱情指的是，那些物品牽連到某種錯綜複雜、糾纏難解的狀況。

例如頭髮會長長的人偶，光是擁有就會遭遇不幸的望遠鏡等，各式各樣的物品。

有時也會有人把自己不知該如何處置的物品，像是人偶，擅自寄過來或擱在寺裡就離開了，真是叫人傷腦筋。

另外還有一種情況。有一回我早上一打開本堂的大門，就被外頭突然出現的紙箱嚇一跳。箱子外面什麼都沒寫，上面以封箱膠帶牢牢黏緊。

我撕開封箱膠帶，察看箱子裡頭，發現一張筆記紙。那張紙上面寫著：「這十年多來我一直疼愛有加，接下來就麻煩您了。」

紙箱有幾個塑膠袋，袋中裝著貓咪的遺體，而且還不只一隻。

貓咪是出於什麼原因才變成這樣？紙上寫的內容是真的嗎？許多疑問紛紛湧上腦海，但我根本沒有方法確定事實究竟為何。

由於這類情況層出不窮，後來我就在寺裡裝了幾台監視器。

有一天早上，本堂前又出現了用報紙捲起來的不知名物品。長度大約一公尺，拿起來沉甸甸的。

我小心拆開外層包裹的報紙，裡面是一把華美的刀。除此之外，連張紙條也沒有。

雖不曉得這把刀是否有什麼特殊來歷，但我決定先為它誦經。

沒想到在誦經的過程中，「咔」一地清脆聲音響徹本堂。誦經完畢我再察看那把刀，發現刀身稍微從刀鞘露了出來。不曉得什麼原因，刀自己抽出刀鞘了。

隔天我先報警，也請來刀具專家鑑定，才曉得原來這是一把軍刀。似乎是在第二次世界大戰中實際使用過的物品。

和警方一番討論並提交必要文件後，這把刀先暫時由寺方來保管。

我的寺裡有供奉北辰妙見大菩薩。這位妙見菩薩是會揮刀斬斷厄運的菩薩，身上披著甲冑，手中高舉一把刀。寺裡每年都會舉行一次妙見菩薩的法會，便決定也在每年的那一天將這把刀妝點得美輪美奐。

後來，有一家電視台來採訪，並為這把刀拍攝了一小段影片。而影片在節目中播出時，也稍微提及到原主身分不明的事。

幾天後，有人表示看到電視所以打電話來，他說：

「那把刀是我爺爺的物品。是爺爺擅自拿到寺裡的，我會過去拿，請還給我。」

但我不可能僅憑一通電話就輕易相信對方。我會這麼說，是因為至今已經接到好幾通內容大同小異的電話了。

每個人來電時都未顯示號碼，人人皆在電話中主張那把刀是自己的所有物。

而我曾和其中幾位見過面。

「請問拿刀過來的是哪一位呢？」

我第一個會先問這件事。

有人說，「是我爺爺，他八十歲了。」也有男性回答，「我不小心搞錯放著就回家了。」

「請問刀裝在什麼東西裡面呢？」我再繼續問下去時，幾乎所有人都說，「我不記得了。」

「其實監視器有照到放刀的人長什麼模樣，但特徵和您剛才說的那位不同，這是怎麼一回事呢？」

每次當我問到這句，來拿刀的人就會忿忿拋下一句「這樣呀，那就算了」，頭也不回地走了。

其實，監視器裡拍到的是一位女性。

因此來電的各位要不是全體誤會了，就是在說謊。

後來又過了半年左右，一位女性來到寺裡。

我一見到那位女性，就有種不知曾在哪裡見過的感覺，但她開口向我打招呼時說了「初次見面」。

接著又這麼說：

「真的很抱歉。我就是大約半年前未經同意私自把刀放在本堂前面的那個人。」

沒錯。這位女性正是那台監視器拍到的人。而且她說，刀是用報紙包起來，在大概半夜〇點拿過來的。無論長相、放刀的時間全都吻合事實。

「我擅自把刀放在寺裡就走了，也沒有供養，真的很抱歉。」

那位女性很有誠意地道歉。

相較於這件事，我更好奇的是，她為什麼要棄置那把刀呢？

根據那位女性的說法，那把刀原本是她爺爺在戰爭中持有的物品。

有一天她爺爺出現在夢中，說那把刀已經完成任務了，希望她拿到附近的佛寺去。那位女性在深夜從夢中醒來後，覺得這個夢境太過真實，必須立刻拿去寺裡才行，當天就把刀放到寺裡了。

過了差不多半年後，她又夢見爺爺，這次爺爺吩咐她要去向人家道謝，她才趕緊過來一趟。

那位女性表示自己原本從未踏進佛寺，不曉得相關規矩，一臉慚愧地道歉。確實，生活和佛寺幾乎沒有交集的人不在少數。這也是沒辦法的事。但她既然來了，就是一種緣分，我便邀她參加寺裡的活動。終於確定那把刀的主人是誰，弄清楚事情的來龍去脈，讓我鬆一口氣，現在又結下了這個緣分，令我很歡喜。

那位女性在離開前，還說了這些話。

「對了，爺爺在夢中對我說，『謝謝妳幫我把珍惜多年的軍刀找到臨終之所。』我不懂他的意思，住持，您能了解嗎？」

或許那把軍刀在戰爭結束，主人也離世之後，就不知該如何自處。

即便能找出存活的意義，但要找到死亡的意義卻十分困難。在戰爭中，有許多人因為「保衛國家」這個理念而喪命。可以說他們是為了將來的人們才捐軀的，而所謂將來的人們也就是現在的我們。那把軍刀誕生於死亡深具意義的時代，說不定長久以來一直在尋找適合自己死亡的地點吧。這個想法不見得正確，但我是如此回答那位女性的。

一年後，在妙見大菩薩的法會上，我把軍刀拿到本堂展示，正打算要來誦經。就在那時，跟第一次誦經相同，我聽到了軍刀發出「咔」的一聲。我一看，刀身稍微露了出來，和當時的情況一模一樣。

我緩緩拔出刀，沒想到刀身已從正中央斷成兩截了。說不定那個聲響，是軍刀在道別。

軍刀斷裂後過了幾天，寺裡來了一個之前曾宣稱自己是軍刀主人的男子。

他是來道歉的，主動坦承：「我之前說軍刀是我的東西，那是騙人的。請原諒我。」

聽他詳細說明來龍去脈，才知道原來是幾天前一位全身軍裝、側腰插著軍刀的老爺爺出現在他的夢中。

那位老爺爺問：「那是你的軍刀嗎？」他在夢裡仍繼續撒謊堅稱，「那把軍刀是我的東西。」結果那位老爺爺緩緩拔出軍刀，唰地俐落一刀揮下，他受到驚嚇的瞬間就醒了。

等回過神來，他發現自己胸前有一道彷彿被刀劃過的傷口，甚至還流血了。他立刻醒悟這是說謊招致來的懲罰，這才來寺裡道歉並進行祈禱。

看來，那把刀順利在另一個世界物歸原主給爺爺了。

在那之後，其他也曾來寺裡宣稱軍刀屬於自己的那些人，到今天都沒有來道歉。如果他們當初是有意撒謊，那麼或許現在每天晚上都會夢到手持軍刀的爺爺也說不定呢。

怪談師

各位知道有一類人稱為「怪談師」嗎？

就如同字面上的意思，講述怪談的人就稱作怪談師，像是不才在下我也會以怪談師的名號走跳江湖。

這算不上是一種職業，因此不管你是誰，只要喜歡講怪談，都可以自稱怪談師。

這次是一位自稱怪談師的德山先生，來寺裡找我商量事情。

我問他要商量什麼，他神情極為憔悴地道出以下內容。

這個故事是A先生告訴我的。

A先生大學才剛畢業，便立刻考取駕照。

他一拿到駕照，就買了一部二手的輕型汽車出門兜風了。

副駕駛座坐著女友，兩人在深夜出發。既然都說在深夜出發了，各位可能已經猜想到，他們要前往的場所正是靈異景點。但他並沒有事先告知女友目的地。

原因在於，女友從以前就有一點靈感應力，如果誠實說要找她一起去靈異景點，女友絕對會心生恐懼不願意一起來。

「你要帶我去哪裡呢？」女友對目的地滿懷期待，但他只回應是個夜景很漂亮的地方，就繼續開車在山路上奔馳。

開了將近一小時後，他總算抵達當晚的目的地，在一棟建築物附近停下車。

A先生拉起女友的手，朝向號稱靈異景點的那棟建築物走去。

到這時，女友終於發現事有蹊蹺。

「A，我們真的是要去夜景漂亮的地方嗎？」女友這麼問。A先生才老實回答，其實他是要去靈異景點。

一如他所料，女友頓時害怕不已，一心想回車上，但她又不敢一個人走回車子，只好勉為其難同意一起前往A要去的那棟建築物。

嚓哩嚓哩，踩踏泥土地面的聲響。唰地，夜風搖晃樹木的聲音，使她萌生一種不好的預感。女友把此事告訴A先生，但他完全沒有想回頭的意思。

他繼續沿著山路向前走，森林中，一個漆黑詭譎的巨大黑影突然出現。簡直像一直埋伏在此等待兩人上門似地，沒有任何前兆就冒出來。兩人被那道「黑影」嚇了一跳，花上一點時間才終於醒悟，那正是他們打算前往的建築物。

漆黑的人工產物，就是幽暗森林中一道突兀的陰影。

等眼睛開始習慣周遭的黑暗，兩人才發現那道黑影似乎是兩層樓的獨棟民宅，但看不清楚。他們舉起手機燈光照亮建築物的一部分，只見烏漆墨黑的柱子和牆壁，還聞到一陣焦臭味……

沒錯。那是一棟因火災燒毀的建築物。在那場火災中，一個小女孩和她媽媽命喪火海，但只是這樣並不會被稱作靈異景點。

其實，當初起火時，爸爸耐不住火焰的高溫，丟下她們母女自己逃跑了。兩人呼救的叫聲不斷從家中傳出，爸爸卻沒有伸出援手，見死不救。自那一天起，那棟屋子每到深夜就會響起母女的呼救聲——

A先生向女友分享了這個故事，女友聽完後心裡很不舒服地直說我們趕快回去吧，但他卻強勢拉住女友的手踏進那棟建築物裡。

屋中焦黑一片，許多無法辨識原貌的物品四處散落。忽然映入眼簾的是，一把燒到焦黑的椅子，上面放著一個娃娃。娃娃沒有絲毫被火燒過的痕跡，A先生心想，大概是有人後來才放上去的，但女友突然拿起那個娃娃，語調歡愉地說：

「好可愛的娃娃。來當我的朋友好了。」

「太詭異了，放回去啦。」A先生立刻出言勸阻，可是女友堅決不肯放開那個娃娃。

A先生不由得害怕起來，拉住女友手臂提議，「我們回去吧。」然而女友卻抗拒地回應，「再待一下嘛。」一邊輕撫著娃娃。

女友到方才為止的恐懼簡直就像一場謊言，此刻她完全沒有意願要離開建築物。這時，A先生在心中盤算，只要自己先離開建築物，女友應該就會因為害怕而跟著出來。於是，他就獨自走出建築物。

但女友並沒有跟上來。這下情況簡直像自己拋下女友不管似地，A先生開始感到不安，從外面大聲呼喚女友的名字。

結果，屋內傳來女友的呼叫聲。

「好熱，救我。好熱，救我！」

A先生陷入慌亂，更加大聲喊：「妳快出來。」

但女友卻不再回應。A先生一連喊了好幾次，才終於聽見……

「好熱喔。救我。爸爸，救我。」

一道小女孩的聲音。

接著，那道聲音又再傳來，「親愛的，救我。」「爸爸，你快點來。」

那是音質明顯與女友不同的稚嫩女童聲音。

A先生渾身顫抖不已，拔腿就朝車子跑去，拋下女友直接驅車回家了。

後來，女友失蹤了，至今都還沒找到人。

而接下來的日子，A先生幾乎每天晚上睡覺時，都會遇上鬼壓床，聽見在火災中喪命的兩人喊「好熱，救我」的聲音。

德山先生說完後，啜飲一口先前我端上的茶，才再次緩緩開口。

我曾經在一場怪談活動上講述這個故事，獲得聽眾的熱烈好評。

然後，身為怪談師無可避免會被問到一個問題：「這個故事是真的嗎？」

「當然是真的。」我回答。

「就連怪談師講的真實故事都很少有這麼恐怖的，德山先生，你很厲害耶。」對方聽了相當滿意地大大讚許。

接下來，聽眾接連問了一大堆問題，像是「那棟建築物的地點在哪裡？」、

「A先生現在怎麼樣了呢？」、「女友到現在還是下落不明嗎？」之類的。

我非常高興。聽眾覺得恐怖，就是怪談師最大的快樂。

然後，我對大家說：

「其實，這個A先生……」

整個會場頓時鴉雀無聲，彷彿有一盞聚光燈打在自己身上似地，我心情十分舒暢。

「這個A先生，其實就是我。」

我說出這句話後，會場裡的聽眾更為吃驚。

我會不會就這樣躍升為知名怪談師啊？那時我內心正暗自竊喜。

但是，過了幾天……

某天半夜我躺上床睡覺時，忽然遇上鬼壓床。老實說，雖然自稱怪談師，但這還是我頭一遭親身遇上靈異體驗。

全身上下都無法動彈，光是維持呼吸就必須竭盡全力。好難受，救我。我在心中大喊，卻發不出聲音來。

正當我擔憂不知道接下來會怎麼樣時，我突然聞到一股燒焦味。

接著，有聲音響起。

「親愛的。」「爸爸。」「好熱喔，救我。救命——好熱——」

我下意識想閉上雙眼，卻閉不起來。就連眼皮都因鬼壓床而動不了了。

德山先生在說這段內容時表情很陰森。講完後，他像抓住救命稻草般詢問我的意見。

我表明自己的看法：「德山先生，恐怕是靈異景點的那對母女來向你求救了。」

不料，德山先生卻說出出人意表的發言。

「三木住持，那是不可能的。畢竟，那只是虛構的怪談故事。」

德山先生說完這句話，就回去了。

我也說不清為什麼，但我不認為這個故事從頭到尾都是虛構的。或許是因為發生火災那戶人家的地址和當時的情景，都相當具有真實感的緣故。

因此，我決定搜尋那個火災現場的資訊。

結果一如我的猜想，那裡真的曾有一間屋子在火災中燒毀。而且當我進一步調查當時的新聞時，發現在那場火災中有一對母女被留在屋內，命喪火海。

那對母女的姓氏是，德山。

接下來只是我個人的臆測，當時從火災現場逃出來的爸爸，說不定就是這次來找我商量的德山先生本人。

他可能是意識到自己的懦弱及罪惡感，想找人告解真相，卻在最後關頭又忍不住逃避，才辯稱這個故事是虛構的。

人一定會遇上失敗，偶爾也有可能犯下罪行。過去無從改變，既然事情都發生了，此刻也只能接受事實。

但我認為，不管曾經遭逢多麼巨大的失敗，犯下多麼不可饒恕的罪，也絕對不可以變成一個討厭的人。

靈能力者

偶爾會有靈能力者或占卜師到寺裡來找我商量。商量內容包羅萬象，其中一個案例獲得對方同意分享，下面我們就來講這個故事。

這位靈能力者是女性，姓小野，接受形形色色的個案來商討人生中的煩惱。因為在工作上遇見了怎樣都解決不了的棘手問題，而來寺裡請我助一臂之力。

那項工作，地點是一棟持續出現靈異現象的公寓大樓。小野小姐接受公寓住戶的委託後，很快就前往現場，在據說發生靈異現象的房間獨自進行祓禊。

後來過了三天左右，那位住戶又連繫小野小姐，表示祓禊後靈異現象反而變得更加嚴重。

小野小姐再次造訪那棟公寓時，好幾位其他間的住戶也來了，輪番抱怨自從小野小姐祓禊之後，他們也開始遇見靈異現象了，要小野小姐負起責任。

後來，小野小姐又進行了一次祓禊，但靈異現象始終沒有消失，反倒益發頻繁。

這時，她認為情況已超出自己能力所及的範圍，所以前來找我商量，希望請我一起過去看看。而且她說讓我同行這件事，已事先取得公寓住戶們的同意，於是我就和她一起去了那棟公寓。

抵達公寓後，我先詢問幾位住戶，究竟是遇到了什麼樣的靈異現象。

首先，是委託小野小姐處理的三〇四號房住戶，他表示一開始是感到房間裡有其他人在，如果轉頭看過去，就會聽見女性的笑聲。而聽見笑聲之後，就會發生電視自行開啟、電燈自己暗掉這類現象。於是他上網搜尋找到了小野小姐，主動聯繫她。

怎知，在小野小姐祓禊之後，其他住戶的房間也相繼發生不可思議的現象。

譬如在其中一間房，晚上進浴室洗澡時，會感到門外脫衣服的地方有人，一看過去，也的確會看到霧面玻璃門上映著一個站立的人影。

其他房間的住戶則有人說，在拉開衣櫃的瞬間，一道黑影倏地從裡面衝出來，順著黑影移動的方向看過去，就會聽見女性的笑聲。

還有各種不同的情況，也不全然都發生在屋裡，像是半夜有陌生女性站在公寓的階梯上，或是進電梯時明明看到一位女性站在裡面，等要出電梯時一回頭，對方卻不知去向了之類的。

在聆聽住戶們敘述情況時，一位男性出言質疑：

「話說回來，小野小姐，妳真的是靈能力者嗎？把祓禊費用給我們還來。」

其他居民聽了，也紛紛將炮火對準小野小姐，抨擊她：

「小野小姐，妳根本就沒有什麼靈感應力吧。」

因此，我開口提醒大家：

「小野小姐有沒有靈感應力，這個我不曉得，但她想要幫助各位的心意，是假不了的吧？」

不過，有一位女性仍舊再三堅持：

「不，這個人根本沒有靈感應力。她絕對看不見靈體啦。」

我看向小野小姐，她一臉尷尬地低著頭。我心想，必須盡快收拾這個局面，便向大家提議，總之先按照我的方式進行祈禱吧。

我在公寓大樓交誼廳的桌上擺好曼荼羅[1]和香，以及其他必要物品後，便向大家說明待會要誦讀的佛經意涵。

接下來要誦唸的佛經，並非是用來祛邪之物，而是要供養待在這間公寓裡的靈魂。說明完畢後，我便開始誦經。供養用的誦經完畢後，我告知大家結束了。

沒想到，小野小姐忽然站起身宣布：

1 曼荼羅，源自數千年前的古印度，是一種複雜的宇宙代表，可解釋為「悟法的場域」或是「萬德諸佛聚集之處」。原是應修行需要建造的小土台，後來也以繪圖、立體模型與堆積沙粉的方式表現。

「各位可以放心了。剛才，靈體已經離開這間公寓了。」

方才那位女性聽了，又朝小野小姐憤慨地說：

「妳又看不見，少裝腔作勢了。妳根本沒有靈感應力，就不要去幫人袚禊。」

我立刻出言緩頰，「小野小姐能否看得見靈體，只有小野小姐自己知道，請妳冷靜。」

不料小野小姐向我道歉，「啊，我多嘴了嗎？不好意思。」

「不，我沒有什麼特別的意思。是這位女性……」我轉頭看向那位女性時，她的身影變得稍微透明。

然後，那位女性看著我微笑，「看吧，小野小姐沒有靈感應力對吧？」又笑著說，「謝謝你的供養。」並低頭致意，就消失了蹤影。

後來，公寓不曾再出現過靈異現象，而小野小姐自從這次之後，也不再從事相關工作了。

地下偶像

各位知道地下偶像這種職業嗎？

一說到偶像，就給人一種高不可攀、難以親眼見到的印象。但被稱作地下偶像的偶像們，不僅會和粉絲近距離互動，在表演結束後，也會和粉絲握手、拍照或聊天。

一位母親來寺裡找我商量事情，她女兒就正在從事地下偶像的工作。

「其實，我女兒最近的樣子有點奇怪。」

她先以這句話起頭，開始說明女兒最近的情況。

最近我女兒舉止奇特，經常自言自語。她會突然用一種我從未聽過的低沉聲音及粗魯口吻說「聽懂的話就少煩我」或「囉嗦，閉嘴」這種話，簡直像在和誰對話一樣。

不過每當我問：「妳在跟誰講話？」她就會立刻恢復平時的樣子回應，「我剛剛什麼都沒說啊。」一臉不可思議地看向我。

我問這位母親，對於女兒出現這種情況，心中有沒有想到什麼可能的原因。她這麼回答：

「其實我女兒之前曾遇到一個男跟蹤狂。」

有一天，她演出結束回家的路上遭對方尾隨，得知了住家的位置。從那一天起，每天都會有一封信擺在信箱裡。

信上內容一開始是「我們結婚吧」或「我要妳成為我一個人的偶像」這類，到最後甚至還出現了「妳要是不跟我在一起，我就殺了妳」這種過於偏激的恐嚇內容。當然，她們有報警，請警方巡邏時在住家周遭加重戒備。

不過，即使遇上這種事，女兒也絲毫沒有退縮，依然從事地下偶像的活動。

但有一天起，那位男性不再現身於現場表演的觀眾席。同時間，信箱也不再出現那些信。我正感到不可思議時，從一位粉絲口中得知，「那位男性好像自殺了喔。」儘管不太厚道，但聽見這個消息，令我和女兒都鬆了口氣，由衷感到「太好了」。

只是，從那一天夜裡，女兒就像我剛才說的那樣，開始自言自語。

這位母親深信女兒之所以會開始自言自語，全是那位自殺男性的靈體害的。

因此，她向我提出一個請求。

「如果我女兒繼續從事地下偶像的活動，就有可能發生和這次一樣的情況，那實在太可怕了。所以，我想請三木住持去勸我女兒放棄這份工作。」

她說，如果由身為家長的自己開口，兩人肯定會吵起來，根本行不通。因此希望由身為第三者的我來勸說。

而且這次她是瞞著女兒偷偷過來寺院的，還要請我幫忙保密。她給的理由是，如果我的立場是代替家長提出要求，那母女之間還是極有可能起爭執。當然，我們寺方原本就有義務守密，自然不會向女兒透露這件事。

過幾天，那位母親連繫我，並說她已經告訴女兒：「三木住持的佛寺對演藝事業很靈驗，我有先預約了，妳去參拜一趟吧。」

實際上，我所在的這間佛寺確實也因為在演藝發展上靈驗而出名，因此女兒沒有起疑，直接來到寺裡了。

這時候，我的心情相當複雜。我會這麼說是因為，待會我將先為她的演藝事業發展蒸蒸日上而祈禱，然後就必須緊接著勸她放棄地下偶像這份職業，這兩件事實在是相互矛盾。

針對附在她身上的靈體做完祈禱儀式後，我到底該如何向她說明呢？我正在煩惱此事時，她先主動表示有件事想找我談談。

「是什麼事呢？」

我反問後，她這麼回答。

「其實，我媽最近有點奇怪。」

我決定在誦經前先問清楚，究竟是怎麼樣一個奇怪法。

按照女兒的說法，自從得知那位男跟蹤狂過世後，媽媽就開始出現一些異常的行為。

那一天晚上，女兒在二樓房間入睡後，聽見睡在一樓的媽媽正在和人交談的聲音。

她很好奇這麼晚了媽媽是在和誰說話，下去一樓後，發現媽媽竟是一個人在自言自語。

「妳在跟誰講話？」她問。

「我沒有在講話啊。」媽媽卻這麼回答，一臉不可思議地看向她。

還有一件事最奇怪。

女兒表示，媽媽至今一直很支持自己從事地下偶像的活動，自那一天起卻開始把「妳不要再做偶像了」掛在嘴上。

這時，我感到有點恐怖。因為從這樣聽起來，母親和女兒其中有一方在說謊。不，或許更準確的說法是，有一方是被迫這麼說的。

我還想多聽女兒講一些細節，以便弄清楚真相的時候。寺裡的電話突然響了。

我請女兒稍候，接起電話。話筒另一頭的人，正是她母親。

「住持，您有成功說服我女兒放棄當地下偶像了嗎？」

「我們還沒聊到這件事。」

我這麼回答後。

話筒中突然傳來，「你給我快點叫她放棄當偶像。」簡直像是男性怒吼的聲音。

「請稍等一下。」

我說完，便掛上電話。

我立刻走回在一旁等待的女兒身邊，請她一起為那位男性跟蹤狂進行供養。立塔婆，焚香，沉靜誦經。

後來女兒聯繫我，她說媽媽的樣子恢復正常了。

或許是那位粉絲在過世後，依然渴望一個人獨占偶像，才引發了這種事。

喜歡上一個人，應該要衷心盼望對方獲得幸福。我們必須把喜歡的人過得幸福這件事，也視作自己的幸福。

挫折和磨難

在日蓮宗的修行中，有修養道場這種東西。

這是讓小學四年級到國中二年級的小僧們修行的道場。

最一開始，小僧們會學習摺法衣的方法。

摺痕是否有整齊對好？摺疊順序是否正確？從摺疊時的姿勢到所花費的時間等，各方面都會受到嚴格的指導。

接著，等小僧們進步到能摺得又快又好，就會拿摺好的法衣給負責指導的老師看。

「摺得又快又仔細呢。」老師這麼稱讚完，下一刻卻把那件法衣扔出去，叫小僧再重新摺一次。

「為什麼！」儘管差點就忍不住要這樣大聲抗議，但幾乎每位修行僧都一語不發，重新摺得整整齊齊的。

究竟為什麼呢？那是因為他們心中懷有對老師的信賴。他們相信在老師的指導下，一切修行都自有它的深意。

在這些修行中，令人不禁想反問「這有意義嗎？」的項目多得不勝枚舉。

例如端正跪坐一小時以上，從頭頂潑冷水到全身，或是一連步行好幾個小時等。

可是，這些事裡都蘊含著深刻的意涵。那就是，「經歷挫折和磨難」。

這個世界上充滿了挫折和磨難。因此有志成為僧人的青少年，必須去了解這些挫折和磨難背後的禮物。那麼，在教導他們如何面對「挫折和磨難」的過程中，重要的是彼此之間必須要有堅實的信賴關係。

我有時候會想，現在這個時代成熟的大人變少了。

相反地，小朋友變多了，我偶爾會覺得日本簡直成了一個全是小朋友的國家。

小朋友和成熟大人之間有許多差別，而我認為其中之一，就是小朋友可以直接坦露情緒。

可惜即使年紀增長，仍是一遇到不順心的事就大吼大叫、情緒化怒罵，沒有真正蛻變為成熟大人的成年人似乎愈來愈多了。

那或許是因為孩提時代沒能充分「體認挫折和磨難」的緣故也說不定。

這個世界上，不是每件事都讓人容易接受、總能盡如人意。

而我對自己的期許是，努力在感受到不順心時，先深呼吸，去了解這個「挫折和磨難」背後的意義，克制情緒並逐漸變成熟。

第三章

孤獨

這個世界基本上，是在相對狀態下成立的。

比方說，當所謂的「惡」存在時，也就存在著相對應的「正義」。而「好吃」這樣的形容方式，如果沒有相對應的「難吃」，就無法成立。結論，都是與某個基準比較後得出的。

這件事放到自然界來看也一樣。夏季陽氣旺，相對地冬天陰氣盛，在季節上同樣會看到兩兩相對的情況。而食物也不例外，譬如西瓜是陰性的食物，在陽氣充盈的夏季吃陰性的西瓜，可以達致陰陽平衡，進而維持身體健康。探訪靈異景點或聽了恐怖故事後，大家會灑鹽淨化，就是因為鹽是陽性的食物，可以發揮調和陰氣的效果。

這一章的主題是孤獨。和孤獨相對應存在的語彙應該不只一個吧。不過，孤獨這種感受，往往正是置身於群體或多人聚會中更容易體會到。同樣的，既然有群體中的孤獨，相對應的事物也會同時存在。

過世的人會離開肉體變成靈魂。那時即使靈魂大聲呼喊「我在這裡」，大多數人也聽不見。明明周遭有這麼多人，卻沒有一個人注意到自己的存在，或許就是一種孤獨也說不定。

打嗝

這個故事我是從一對新婚夫婦口中聽來的。

他們兩位買了一間公寓當作新房。

「那時候我們剛搬家，就連裝行李的紙箱都才拆了一半左右。」太太以這句話開場，再繼續往下說。

「某天半夜我們在寢室睡覺時，門鈴突然響了。」

「叮咚，叮咚，叮咚。」

我被突然作響的鈴聲嚇醒，老公則無動於衷地在旁邊呼呼大睡。我瞥向時鐘，差不多半夜一點。

「這時間會是誰呢？」

我也考慮過要叫醒老公，但他明天還要工作，不能好好睡一覺太可憐了，就沒有叫他。

就在我腦袋裡轉著這些事時，門鈴依舊「叮咚、叮咚」響個不停。

我們還沒告訴任何親友新家的地址，況且也想不到有誰會挑這種時間拜訪。

我按捺住湧上心頭的懼意，走到玄關門前，從貓眼窺視。

結果外面有一位體型瘦削的男性，穿著睡衣，微微傾斜著身體站在那。

「叮咚、叮咚、叮咚。」

那位男性面無表情，一個勁兒地猛按門鈴。

難道他是喝醉了搞錯家門？我這樣猜想，就隔著大門向他說：

「那個，你搞錯家門了喔。」

他沒聽見我的聲音嗎？那位男性沒有任何反應，依然故我地按門鈴。

我心想，再這樣下去，老公也要被吵醒了。一咬牙就打開門。

接著，我稍微拉高音量這樣說：

「那個，你搞錯家門了，請你不要再按門鈴了。」

那位男性果然多半是喝醉了，眼神空洞，身體搖搖晃晃地站不穩。我正想再說一次「請你回去」的時候。

「嗝。」

那位男性打嗝時身體猛然一震，有如痙攣發作似地不斷抽動。

「嗝、嗝、嗝。」

男性連打了好幾次嗝，全身不斷顫動。

我確定眼前這個人肯定是喝到爛醉如泥了，索性也不隱藏半夜被吵醒的火大情緒，大聲說句「請你回家去」，就用力關上門。

鎖好門，再掛上防盜鍊，我轉身就要穿過走廊回寢室。

那瞬間，耳邊突然清晰地響起：

「嗝。」

我嚇一大跳回過頭。結果，就從夢中醒來了。

到了早上，我一邊吃早餐，一邊向老公敘述這個夢境。

「打嗝男喔，感覺真詭異。」老公有些鄙視地這麼說。

「那個夢感覺超級真實的，有夠恐怖。要是夢境繼續發展下去，我回過頭後，不就會看到那個男人站在走廊上了嗎？跑進我們家裡來。」

我這麼說，老公露出「妳又來了」的傻眼表情。我熱愛怪談故事，也相信有靈魂這類超自然現象存在。老公卻完全相反，他壓根不信這類玩意兒。

「那只是一個夢，妳不用放在心上。」

要是平常，我一定會因為老公這種態度生氣，這時卻稍稍放下心來。

可是，老公連看也不看我一眼，逕自把玩手機。我猜多半是正在聽自動錄下打呼聲的應用程式。

自結婚後，我認為照料老公的健康是我身為妻子的職責，就請老公下載了這個應用程式。真希望老公聽了這個，也會自覺到再不減肥不行了……我腦中冒出這個念頭時，就聽見平時聽慣的老公打呼聲。「呼——哈——」如雷鼾聲持續響起。「呼——哈——」接著，打呼聲忽然中斷了。一秒、兩秒、三秒……都沒聽見打呼聲。四秒、五秒、六秒……

突然，清晰傳出有人在打嗝的聲音。而且那個聲音並不遠，明顯就是從手機附近傳來。

「嗝！嗝！嗝！」

我們夫婦倆面面相覷。就連老公也是一臉震驚的表情，雙眼睜得老大。我們討論後，決定等他下班回來，一起去找住在這棟公寓大廈一樓的房東講這件事。

傍晚，我和老公來到房東家，描述打嗝男出現的經過，也播放應用程式的聲音給房東聽。接著，問出我們夫妻倆內心最大的疑問。

「難道以前曾有人在這棟公寓大樓裡過世嗎？或是曾有其他人看過幽靈？至今有發生過什麼奇特的情況嗎？」

「這位太太，妳這樣問是認真的嗎？從來沒有人在這棟公寓裡過世，也沒人看過幽靈，而且往後應該也不會發生這種事。」

房東回話的語氣有些不以為然。

房東這個人對於幽靈存在與否這類沒有科學根據的事毫無興趣，他說應用程式裡的聲音肯定只是程式故障的緣故。

「說的也是呢。不好意思，講了一些莫名其妙的話。」

老公立刻低頭退讓，拉起不能接受這種說法的我的手，回家裡去。

回到家中，老公說事情可能真如同房東所說，只是應用程式故障和詭異夢境剛好同時發生而已，「我們忘記這件事吧。」隨即將應用程式裡的音檔刪除了。

或許事實真是如此，但老實講我心裡還是不能接受。只是萬一被認為是奇怪的住戶，引發流言蜚語，日子可能會很難過，所以那時我也只好勉強吞下去。

隔天早上醒來，我和老公都沒有做奇怪的夢，播放每天固定確認的打呼聲應用程式時，也沒聽見像是打嗝的聲音。

正當我們鬆一口氣，突然「叮咚、叮咚」門鈴響了。

「這麼早會是誰啊？」老公走到玄關，打開家門。

沒想到站在門外的人竟然是房東。

「不好意思這麼早來打擾你們，我已經請三木住持到我家，待會就要開始誦經，你們要不要一起過來？」

由於他的邀請，我們此刻就在這裡了。

我正是在公寓房東的家裡，從夫婦倆口中聽到事情經過。

房東一大早就打電話到寺裡，請我立刻過去。我匆忙趕到公寓時，那對夫婦也在屋裡了。

從言談之中，看得出來房東並不太相信靈魂這類事物，那他為什麼一早就叫我過來呢？那位夫婦也同樣對這件事抱著疑問。

「房東先生，請問您為什麼一大早就叫我過來呢？」

我開口詢問後，

「其實，昨天晚上發生了一件事……」在這句話後，他一臉尷尬地開始敘述。

昨天，這對夫婦來我家講打嗝男的事情。講真的，那種故事我是壓根不信，心裡只認為他們是一對怪夫婦。

可是，晚上就發生了一件事。

我和平常一樣在夜裡配著電視小酌。一整晚的節目都很有意思，我一不小心就一路看電視看到半夜一點左右。

節目播完，我關掉電視和電燈後，朝寢室走去。

打開寢室房門，靠著走廊透進漆黑房間中的光線，我正要走到床邊時，忽然發現。

有人睡在我的床上。

我嚇一大跳，馬上離開房間，慢慢把門關上。立刻就要報警。

可是，說不定是我看錯了？而且我喝了點酒，以前也曾經把隆起的棉被看成一個人的形狀嚇到半死。沒錯，肯定只是錯覺。今天大概喝得有一點多了。我再次朝寢室走去。

悄悄拉開房門，朝床上定睛一看，我差點無法呼吸。還真的有人睡在上面。我鼓起勇氣走近床邊，決定看清楚正在睡覺的那位老兄長什麼模樣。

躺在床上的是一位穿著睡衣、身材瘦削的男性。既然已經確定不是我眼花看錯，真的就是有一個人睡在床上，我打算溜出房間，就在這時。

睡在床上那位男性驀地睜大雙眼，直直盯向我。然後，「嗝、嗝。」開始打嗝。

我驚嚇過度，身體動彈不得。

結果那位男性又繼續發出「嗝、嗝……嗝……嗝……嗝」的聲音，頭猛地向旁邊一歪，同時就消失不見了。

我這時才忽然明白過來，那位男性發出「嗝、嗝」的聲音，應該不是在打嗝，而是呼吸的聲音。

這棟公寓以前其實是一間醫院。所以我原本以為是在打嗝的聲音，應該是病人臨終前的呼吸聲

我不敢再踏進寢室，一等到天亮，就趕快撥電話給三木住持，

聽完房東的敘述，那對新婚夫婦也露出恍然大悟的表情。整件事聽起來，大概是壓根不信靈界存在的房東，當初在施工前漏了舉行地鎮祭請求地主神允許使用土地。

當天稍晚，我們四個人一同誦經。

道別前，那位太太問了這個問題。

「那位男性為什麼會來找我呢？」

「老實說，我也不曉得。但多半是因為您願意相信那些眼睛看不見的事物吧。只不過，我可以肯定地說，是因為太太您的緣故，才使那位男性能夠獲得供

養。我代替他向您致謝。謝謝。」

說完，我低下頭致意，老公和房東也跟著一起低下頭。

手鏡

那是一天夜裡的事。我吃完晚餐，正打算稍作休息時，寺裡的電話響起。電話上的小螢幕顯示是從公共電話打來的電話。我接起電話，是正在住院的友人矢崎先生。

「你可以馬上過來醫院一趟嗎？」

他這麼問的聲音虛弱又沙啞，極難聽得清楚。

這也是情有可原，畢竟他已近九十歲高齡，身體出狀況住院一陣子了。我想到他沒有家人，也沒有會去探病的朋友，說不定是心裡寂寞，便立刻趕去醫院。

病房中，矢崎先生瘦削的身軀坐在床上。

我和矢崎先生是在一次慈善廚房的活動中認識的。每逢年底，我都會去一個志工團體的慈善廚房活動幫忙。

當時認識了來領取餐點的矢崎先生，後來我們愈來愈熟，甚至會兩人單獨相約吃飯。

矢崎先生話少，貌似不太想談及自身過往及家人這些私事，因此我完全不知道他有無家人，從事過哪種工作。

有一天，矢崎先生在路上昏倒，被送上救護車。在救護車抵達的那間醫院接受檢查，才發現他罹患了癌症末期。

住院後，我也去探望過矢崎先生好幾次，但他全然沒給人癌症末期病患的感覺，總是精神奕奕。不過他的性格習慣任何時候表面上都要維持堅強，討厭展露軟弱的一面，或許他只是一直在逞強也說不定。

因此矢崎先生主動連繫，希望我過去一趟，還是頭一遭。

他仍坐在床上，問了我這個問題。

「住持，人死後，真的會下地獄嗎？」

我沒有回答這個疑問，而是反問矢崎先生為什麼要問這個問題。

沒想到，矢崎先生開始說起自己的過往。

矢崎先生年紀尚幼時便父母雙亡，長年寄居在親戚家。但他和親戚合不來，十六歲時便離開那個家。

後來就踏上脫離正軌的生活，進出警局成了家常便飯。

「這種人生也終於要走到盡頭了。好漫長，好辛苦。」

他望著我的眼睛這麼說。接著又表示，有件事想拜託我。

「住持，我想你今後也有機會遇到像我這種壞傢伙，可是呀，我希望你能提醒他們，千萬不要幹一些會遭人怨恨的事。」他低頭請求。

「這是什麼意思呢？」我詢問。

他回答自從住院後，過去那些死去時依然怨恨著矢崎先生的人們，每天晚上都會圍繞在床前，異口同聲地說「快過來這邊」、「等你好久了」之類的話。其中也有些人只是一團漆黑的影子，僅有眼睛的部位放出橘色光芒，「唔哇——」

地放聲吼叫，撲上來。那些黑影一邊鬼哭神號一邊跨坐在他身上，壓得他完全無法呼吸。就在快要窒息而死時，黑影又會忽然消失得無影無蹤。

「我過去一直以為，人死後一切就結束了，但事實並非如此。」矢崎先生苦笑著這麼說。

矢崎先生接著說，他想趁現在還活著，至少做一件對世界有益處的事。那就是，將這個事實告訴我，請我提醒年輕人不要做壞事。

「我的身體已經動不了了，只能拜託住持，真不好意思。」他再次低下頭，又接著說，其實自己還有最後一個心願。

我自然是回覆他，只要我力所能及，請他不用客氣盡量開口。矢崎先生雙眼含淚交給我一張紙，上頭寫著自己雙親的姓名。

他說自己小時候父母就過世了，偶爾也會在心裡埋怨他們。但隨即又說，「我想，不得不留下小孩孤伶伶一個人就死去的父母，內心應該更難受。因此我想要供養爸媽。」

我回到寺裡，立刻誦經供養他的雙親。

幾天後，我再次造訪醫院。這時候的矢崎先生連說話都很艱難，就算他張嘴說了些什麼，聲音也模糊微弱到我無法聽清楚。

他愣愣地盯著自己的右掌心。時而微笑，時而皺眉。

這是我個人的觀察，但許多人在即將離世前，會突然變得神采奕奕，或出現一直望著手掌心的行為。

醫生告訴我，有人將臨終前精神忽然變好，又吃得下飯的情況，稱為迴光返照。

我則把一直注視著自己掌心的這種行為稱為手鏡。因為我猜想，說不定就像閻羅王的業鏡一樣，至今為止的人生跑馬燈都會一幕幕在上面閃現。

矢崎先生持續手鏡行為好一會兒後，又忽地直直望向我。接著，他眼眶蓄滿了淚水，用氣若游絲的聲音說了一句話，「爸爸和媽媽來接我了。」他的聲音不可思議地清楚傳進我耳裡。

說出這句話的那張臉，神情就像是全然安心的孩子一般。幾分鐘後，矢崎先生就過世了。

現在，矢崎先生是受著過去傷害的那些人折磨，不斷低頭道歉呢？還是正在享受與父母重逢的天倫之樂呢？

此刻我能做的，只有按照矢崎先生生前的心願，把他的經驗傳遞給年輕朋友，並為他祈求冥福而已。

飯店

「只要把自己真實的感想寫出來就行了。」說這句話的，是一家高級飯店的經理藤吉先生。

藤吉先生在幾年前，從他爸爸手中繼承了這家飯店。他一接下經營者的位置，就立刻大刀闊斧地重新裝潢，翻新飯店的部分外觀及室內空間，工程也於近期順利結束了，因此他想大肆宣傳重新開幕的消息。

於是他提出邀請，免費招待我入住，同時請我將住宿的感想投稿至雜誌。我的回應是，我對飯店這個領域不甚熟悉，請專家來寫不是更好嗎？但他的想法是要廣邀各行各業的人士來實地住宿，希望其中也能有一位僧人。

藤吉先生的飯店是一家歷史悠久的高級飯店，如果不是剛好有這種機緣，我根本不可能去住。因此，雖然自覺有些厚臉皮，我仍決定前去住宿。

我一抵達飯店，藤吉先生就立刻上前歡迎我。

「住持，一直很期待您的蒞臨。」說完便深深一鞠躬的有禮身影，透露出飯店品味的高度。

在飯店裡的餐廳用完晚餐後，服務人員便帶我到房間。

沒想到那個房間居然是日洋合併風格的高樓層特殊房。是一間我簡直高攀不起，給我住也太可惜的房間。

「請進，也請好好享受。」藤吉先生開口說，但我忽然置身於如此寬敞的房間，根本不曉得自己該做些什麼才是。

我心想，總之先冷靜下來，把房裡提供的茶包放進杯中，注入熱水。

我一邊啜飲熱茶，一邊欣賞窗外的夜景。透過窗戶看見的無數光點，是成千上萬個家庭及公司的亮光。

我不禁想，外頭有多少光點，煩惱、痛苦、喜悅及歡欣、人類的喜怒哀樂就有多少。一想到在那些光點之中，也有人正面臨困難而煩憂，我就感覺此刻的自己彷彿在做壞事。懷抱著這個想法，我面向窗戶，祈求大眾皆能獲得幸福。

走近窗邊時，我才第一次注意到一樓有個日式庭園，裡面還有點燈。

仔細一瞧，有幾個人在庭園中走動。看來庭園有開放入內散步。

於是我打電話到飯店櫃台，確認是否能在日本庭園內散步。

結果藤吉先生聽了便說要親自帶我去，我也決定接受他的好意。

出了房門，朝電梯的方向走去。飯店的走廊牆上掛著多幅日本畫，來自海外的觀光客應該會喜歡吧。

在走廊盡頭，一個人正從窗戶往下看。

那個位置正好在電梯前面，我就趁等電梯上來的那段時間，向那個人搭話。

「從那裡也看得見下面的庭園嗎？」

或許是因為我無預警開口，原本一直往下看窗外的那個人，吃驚地回過頭。

然後，惡狠狠地瞪我。

「抱歉。」我不假思索地立刻道歉。

但那個人還是繼續瞪著我。

這時我才注意到，對方是有著一頭金髮的白人女性。

我猜測對方說不定聽不懂日文，便說「Sorry，Sorry」低頭道歉。

但那位女性依然瞪著我。害她嚇一跳這件事我感到抱歉，但藤吉先生正在一樓等我，我決定擱下此事搭電梯下去了。

不料那位女性一把抓住我的右手腕，直接從窗戶跳下去。

我差點就被那位女性一同拖下，幸好千鈞一髮之際抓住窗框，但她已經直直向下而去了。

嚇到腿軟這種事，我還是第一次經驗。雙腿像有微弱電流流經般酸軟無力，完全站不起來。雙手雙腿都止不住顫抖，全身根本施不上力。

我倒在電梯前，動彈不得一陣子後，藤吉先生搭電梯上來了。

他看見我倒在地上，驚訝上前關切：「你還好嗎？發生了什麼事？」

我一邊發抖，一邊告訴他有位白人女性從窗戶掉下去了。藤吉先生一聽，當場掏出手機，緊急聯絡相關人員。隨即讓我撐著他的肩膀走回房間，請我躺在床上先好好休息。

寬敞的房間裡，我獨自躺在床上，方才那位女性的臉，以及右手被緊緊抓住的觸感又鮮明浮現。

沒多久，藤吉先生和警察來到房裡，請我說明當時的情況。

我鉅細靡遺地描述自己記得的事。語畢，警方這麼說：

「三木先生，我直接講結論，沒有人從窗戶掉下去。飯店監視器照到的畫面是，三木先生一個人像演默劇一樣，自行朝窗戶移動。」

「咦？這是怎麼回事？」我下意識反問。

「剩下的事請你問藤吉先生。」警方只回了這句話，便離開了。

根據藤吉先生的說法，飯店在重新裝潢之前，曾發生過一起意外，有一位金髮的白人女性從那扇窗跳下去。

藤吉先生說，他之所以會改變經營方針，決定翻新飯店再出發，那起意外正是其中一個原因。

「住持，你看見的那位女性一直瞪你？一直很氣憤嗎？」藤吉先生這麼一問，我就回想起那張憤慨的臉。我說，她可能是因為我突然出聲才生氣的吧，但藤吉先生卻表示，說不定另有原因。

過世的那名女性，是從海外某個國家來日本觀光的。當初根據飯店員工證詞及各種相關調查結果所得出的結論是，那名女性是自殺的。

可是藤吉先生又說，她說不定是不小心跌下去的。

他在重新裝潢時才注意到，走廊上那扇窗戶原本的位置比現在更低，要是探出上半身向下看，只要腳稍微一滑，很容易就會摔下去。

他原本打算請警方重啟調查，但要真是如此，飯店就難逃被追究過失責任。考量到這一點，他最終沒有採取任何行動。

他說，如果那位女性真是意外跌落的，他真的不曉得該如何向她的家人朋友道歉才好。

聽到這裡，我不知道為什麼就向他提議，要不要蓋一個塔供養她？

在佛教的觀念中，對於離世亡者最好的供養就是「起塔供養」，所以才會立墓碑和塔婆。

藤吉先生爽快接受了這個建議。

幾個月後，我再次造訪飯店，藤吉先生親自帶我去看了那座供養塔。那座塔是一個小小的墓，立在日式庭園的角落。位置隱密，遠遠望去是看不見的，但他表示希望在這裡供養她。

在焚香誦經之後，我就離開了。

那天夜裡，藤吉先生走在那條走廊上時，那位金髮的白人女性從走廊另一頭走過來。兩人擦肩而過的瞬間，那位女性微微一笑，旋即消失了。

到現在，那家飯店的日本庭園中，小巧精緻的墳墓依然安安穩穩地在那裡。

鬼壓床

正看到這個故事的讀者中，想必也有人曾經歷過鬼壓床吧？所謂「鬼壓床」，是指身體突然動彈不得。一般都被形容成一種靈異體驗，但也有人採用科學方法去分析成因。

從科學的觀點來看，鬼壓床是大腦清醒，身體卻陷入睡眠狀態時所發生的現象。

這個我十分了解。我會這樣說，是因為有時電視節目錄影或演講結束後，我沒辦法一收工就馬上睡著。

這多半是因為大腦正處在輕微興奮的狀態，促使身體分泌了腎上腺素，儘管此時身體已疲憊不堪，大腦卻反而處於活躍狀態。要是在這種狀態下鑽進被窩，有時候半夜就會突然發生鬼壓床的現象。那種情況下，就算我在心中暗誦佛經，身體仍舊是動彈不得。即使大腦下令要動右手臂，但由於身體還在沉睡狀態，右手臂自然是毫無反應。

這就是鬼壓床的生理機制。

我在至今的人生當中，遇上鬼壓床的次數遠超過兩位數。不過我認為鬼壓床大致可分成兩類。

第一類鬼壓床發生在身體動彈不得時，會完全感覺不到自己的身體。

這意思就是，陷入鬼壓床的狀態後，會連自己的手現在是張開還是緊閉，或者腿是伸長還是彎曲都不知道。

我認為這種狀態就是只有大腦清醒的鬼壓床。

第二類鬼壓床和上述不同，陷入鬼壓床的狀態時，可以清楚知道手是張開還是緊閉，腿是伸長或彎曲的。

不光如此，還可以辨認自己周遭的情況，像是房間的狀況之類的。而且也能夠察覺門是敞開還是關著的狀態。

這一類鬼壓床看起來和前一種按照科學方法驗證的結果不一樣了。這種狀態，正是靈異現象吧？

不過，頻繁遇上鬼壓床的我，甚至經驗到了第三類鬼壓床。

我在讀大學時搬進僧人的宿舍，過著一邊修行一邊去學校上課的日子。即使這樣已經算是離開老家生活了，但我還是一直很憧憬一個人住的獨居生活，一輩子只要能體驗過一次，我就心滿意足了。

因此大學畢業後，我拜託師父允許我在外獨居一年。儘管過往少有先例，師父仍舊寬宏大量地同意，我們約好期間只有一年。

我在關東某處找到公寓，又找了一份打工，開始一個人的生活。

有一些事是我在獨居生活後一直想嘗試的。其中之一，就是躺在床上睡覺。我很難想像一個僧人會躺在床上休息，實際上，過去我一向是在地上鋪棉被睡。我立馬買下一張床。

至今為止，一間房裡都睡了五、六人左右，現在可以自己一個人睡覺，實在是太滿足了。

我躺在床上，感受著柔軟床墊包裹住自己的舒服觸感，立刻陷入沉沉的睡眠之中。

入睡後過了多久時間呢？我忽然發現自己遇上鬼壓床了。

不過我早已習慣這種事了，先冷靜確定這次遇到的是哪一種鬼壓床。

畢竟我才剛搬進這個家，肯定是一直處在輕微的興奮狀態。但在我冷靜檢查身體的情況後，發現自己感覺得到手臂和雙腿都伸得直挺挺的，手掌是張開的，而房間內的情況也能看得一清二楚。

這次毫無疑問是靈異現象了。

平常這種時候，我會開始在心裡誦經，但這時我忽然動念，房間裡或許有誰想告訴我一些話。我決定先忍耐一下，暫時維持這個狀態。

我繼續躺在床上，這時突然有人用力握住我的右手腕，但我瞧不見對方的模樣。

在過去的鬼壓床經驗中，我也曾被觸碰，或者被一把揪住，因此並沒有特別驚訝。

可是，下一瞬間，抓住我右手腕的那隻手開始把我的手臂朝右邊拉過去。有人拉我，這種現象倒是頭一次經驗。

我下意識抵抗那股力道，嘗試施力到手臂，但抓住我手腕的那隻手絲毫沒有要放棄的意思。無奈之下，我乾脆任由那股力道擺布。

最後手臂直挺挺地被拉向右方，整隻手垂直身體。我靜觀其變，等著看接下來又會怎樣時，發現到一件事。

右手腕以下的部分可以自由活動。

「咦？右手腕可以自由轉動，手掌也能握緊跟張開。」我留意到這一點後，就在手臂依舊僵直的狀態下，嘗試活動右手腕以下的部分。

就在我轉動手腕時碰到了東西。我摸索著那個物品，想進一步確認那究竟是什麼。

粗細相當於五百毫升裝的寶特瓶，摸起來的觸感則像是含有水分的枯枝。

我使勁握住那根像是枯枝的東西。而就在我用力握緊的那一瞬間，身體忽然可以動了。

原本緊握住東西的右手縮成拳頭。我在床上坐起上半身，環顧四周，沒發現任何不對勁的地方。

我心想，這次鬼壓床和過去經驗過的都不同，然後才注意到一件事。

我睡的那張床，右側是貼著牆壁擺放的，一旦伸直右手臂就會撞到牆。

我為之愕然，方才毫無疑問曾經伸直的右手臂上，依然清晰殘留著被人抓過的觸感。

到了早上，我決定去房東家一趟。

難道我租的那間房，以前曾有人在裡面過世嗎？我想確認這件事。

我描述昨晚不可思議的鬼壓床體驗後，房東笑著這麼說：

「三木啊，那間房從來沒死過人，之前的住戶也都沒說過有遇見這種事。」

說的也是，就算是凶宅，也未必會發生不可思議的靈異現象。相反地我也聽說過，有些從未出過事的房間也可能出現難以理解的神祕事件，這次大概就是這種情況吧。

我為問了奇怪的問題向房東道歉，就直接出門去打工了。

我是在加盟連鎖的拉麵店打工。有許多工作內容都是第一次嘗試，常常手忙腳亂的，但於我而言，是自高中畢業後久違的打工，度過了相當愉快的一天。

由於有許多東西需要熟悉，打工時間結束後，我多待了一會兒，寫工作流程的筆記，也多幫點忙。離開拉麵店時，已是半夜一點左右。

一想到以僧人身分修行時，這時間自己早就進入夢鄉了，更感到現在的生活十分新鮮有趣。

那一天因為打工很累，再加上過去長期養成的生活作息，人一沾到床的瞬間我就睡著了。

照理說我應該是睡得很熟，但入睡後不知過了多久，我又再次遇上鬼壓床。我心中不免暗暗叫苦，今天很累耶，不會又來了吧。但同時也有另一個念頭，萬一是誰有話想傾訴，我都希望能夠好好聆聽。

這次大概又是右手會被拉吧。我做好心理準備，沒想到情況卻出乎我意料。什麼都沒發生，就這樣平靜過了一陣子後，突然，一雙手夾住我的頭。

我說「夾住」，指的是那一雙手就像摀住我的雙耳一樣，抵在我頭的兩側。原本身體就動彈不得了，現在連聲音都被隔絕，我內心升起從未經驗過的強烈恐懼。而且貼在雙耳上的那雙手按得很用力，我甚至都能清楚感受到對方掌心的觸感。

我正要在心裡暗誦佛經的瞬間，那雙手忽然施力想把我的頭朝左側扭過去。

當時我的意識是清醒的。我冷靜地想，朝右邊轉過去是面對牆壁，往左邊則是房裡的空間。

我稍稍抵抗了抓住頭向左扭的那股力道，又隨即放棄，任由那股力量擺布。

不管從體感或視覺上，我都能察覺到自己的頭現在轉到左邊了。

附近路燈的光線穿透房間窗戶微微灑進，我依稀可以看見房間內的狀況。

「現在到底是什麼情況？」我正兀自疑惑時，一雙腳的指甲映入我的眼簾。

咦？一雙腳飄浮在半空中嗎……沒錯。有誰在我房間裡，而且正飄浮在半空中。

我緩緩轉動眼球，沿著雙腳往上看去。

那個畫面，直到今天我依然記得一清二楚。

那是一位白髮過肩的老爺爺。身上穿的服裝，很像溫泉旅館會提供的浴衣。

我想看清楚他的長相，凝神一看。

結果那位老爺爺也低頭望向我，就在我們四目相接的瞬間，他忽然消失得無影無蹤。同時，我的身體也恢復了自由。

今天傍晚才要打工，疲勞也還沒恢復，我就無所事事地在家裡待到下午，讓身體好好休息。

出門打工前，我又去找了房東。因為當我和那位老爺爺四目相接時，他的神情顯得十分寂寞。

儘管房東一看到我就露出「怎麼又是你」的不耐表情，但我還是敘述了昨晚的事情經過。

「三木啊，我昨天也講過了，那間房從來沒人在裡面過世。」

「這一點我也有聽進去。可是，那位白髮老爺爺的表情就是讓我很在意……」

我一說完，房東似乎想起了什麼，不自覺抬高音量。

「啊，白髮過肩……難道是你隔壁的住戶。」他這麼說。

「三木，老爺爺可能發生什麼事了。你跟我一起過去。」雖然他這麼說，但我還得去打工，就拒絕了。

那天從拉麵店回到公寓時，差不多快要半夜一點了。

公寓前停著幾輛警車，警示燈都是暗的。我一如往常朝自己在二樓的房間走去，剛爬完階梯踏上二樓地面時，我心想，「果然是那樣吧。」

隔壁老爺爺的房門口拉上了黃色的封鎖線，還有幾位像是鑑識人員的人。

我回到房間，面向老爺爺家，隔著牆悄悄合掌致意。

今天也累壞了，我正要躺上床時，叮咚，門鈴響起。

我打開門，門外站著警察和刑警。

「你就是三木先生，沒錯吧？」刑警一邊出示證件一邊這麼問。

隨即朝我拋來一連串的問題。

你和隔壁那位老爺爺有起過爭執嗎？你和老爺爺聊過什麼事情呢？但我根本不可能有辦法回答這些問題。別說和他聊天了，我連老爺爺的臉都沒見過。

被各種問題轟炸之後，刑警表示想要採我的指紋。我心中自然湧現「為什麼？」的疑問，但我既然沒做任何虧心事，就決定協助調查。

我問：「是食指嗎？」刑警卻說十根指頭都要。我心想，自己可能遭到懷疑了，但要真是如此，就希望他們能查清楚還我清白。同時我也想到，或許原本採指紋的規矩就是如此，便同意讓警方採集十根指頭的指紋。

隔天，我為了問清楚事情真相，前往房東家。

「三木，你隔壁的老爺爺過世了。」

房東說老爺爺上吊自殺了。桌上放著疑似遺書的字條，上面以潦草字跡寫著：「一個人生活好寂寞，好寂寞，我好寂寞。」

「不過呀，警方說還不能排除他殺的可能，目前正在調查中。」

「這是怎麼一回事？」

我反問後，房東告訴我警方的說法。

現場既然找到了像是遺書的紙條，人又是上吊的，起初警方判斷是自殺。但是鑑識人員在調查時，發現老爺爺的右腳踝殘留著被人用力握緊過的手印。

可能是有人用蠻力拉住老爺爺的腳，讓他窒息而死，因此目前搜查仍在持續進行。

「房東先生，老爺爺是在屋裡的哪個位置過世的呢？」我心想不太可能，但還是問了。

「老爺爺上吊的位置，三木，就在你房間右手邊那面牆附近。」房東一邊回想一邊說出這句話，隨即面露震驚之色看向我。

「三木，難道你第一次遇上鬼壓床時抓住的那個像枯枝的東西，就是老爺爺的右腳踝嗎？」

房東說出這句話時，他的手機響了。

是警方打來的電話。他們已徹底調查過房間裡面和門把等處的指紋，最終判定老爺爺是自殺的。

也許我抓住的真的是老爺爺的腳踝也說不定，只是當時他已經過世了。

「這樣呀。」儘管我從未見過老爺爺，內心卻湧現深深的悲傷。

其實，我決定搬來這棟公寓時，曾事先帶手巾當小禮物，要去向左右兩側的鄰居打招呼。

我先去了左邊那間房，按下門鈴。一位年輕女性的聲音隔著門板響起。

「不好意思，我姓三木，明天就會搬到隔壁，先來打聲招呼。」我說完，那位女性在沒解開防盜鏈的狀態下露出臉來。這時，我遞上手巾。

「那條手巾是什麼？」她這麼問。我向她解釋，這是向新鄰居拜碼頭的小禮物。但她只拋下一句，「我沒聽過這種習俗。」就害怕似地關上門。

在我出生成長的京都，搬家時要向對面三戶左右兩戶鄰居打招呼。而去打招呼時，慣例要送上手巾。

因此在搬家前一天，我特別去向左邊的鄰居打了招呼，但在得知這一帶可能沒有這種習俗後，我就沒去老爺爺住的右邊那間房打招呼了。

如果我當時有去向老爺爺打招呼，說不定就能當老爺爺的聊天對象，跟他成為朋友。我很後悔。

愛別離苦

佛教中有「愛別離苦」這個詞。

它的意思是，與心愛之人分別的痛苦。

生離死別等諸般苦楚。

但，人類為什麼會因為與深愛之人分別而感到痛苦呢？

說不定是因為，人類討厭孤獨。

孤獨這種感受，就算置身於一群人之中也會浮現。

就像有些人，即使待在學校或公司裡，心中依然感到孤獨。

所謂的寂寞和孤獨啊，即便身處人群之中，要是沒有任何一個人能夠了解自己，認同自己的存在，那個人就是孤獨的，不是嗎？

理解他人，相互認同彼此的存在，並非易事。但雙方都絕對不該放棄去理解對方的努力。

我認為獲得他人的理解，自己也願意去理解他人、認同他人，這正是人類邁向幸福的方法。

而這份心意不僅限於活著的人，面對過世的人們也一樣。

因此我希望各位能向牌位和墓碑合掌致意，即使他們的形體已然消逝，也依然去肯定他們的存在。去感受過世的那些人、大自然及一切有形之物的存在，對萬事萬物抱持感恩之心，或許就能超越愛別離苦所帶來的傷悲。

第四章

附身

附身，指的是靈魂進入一個肉體，加以操控。

我親眼見過許多次附身的案例。因此我很確定附身這種現象，顯然就是實際會發生在這個世界上的事。

有個人從某一天起不僅性格大變，連遣詞用字都截然不同了。他原本一直是講關西腔，卻突然說起九州的方言。

還表示自己在昭和〇年之前，都一直住在熊本縣的〇〇村裡。實際調查後，發現那個村莊雖然已經消失了，但昭和初期時確實存在。而且他家附近的建築物及大略景色，都和他形容的一致。

當然，那個人沒去過九州，和當地也沒有任何淵源。他的話卻如同上述，不可思議地吻合現實世界的情況。

談到附身，這種思維邏輯或許也適用於御守和御札上。

把心願或心意這些意念灌注進紙片或御守裡，也可以說成是一種讓善念附身吧。

人形娃娃

一位獵友會的成員告訴我：「人類在狩獵時，面對鹿或山豬這類動物，扣扳機時比較不會遲疑。不過一旦面對的是用雙腳走路的猴子這類動物，就很難扣下扳機。因為牠們的外觀和人類很相近。」

我沒辦法判定這句話的真偽，但感覺上可以理解。

這就像是供養娃娃這類委託，送來的也幾乎都是外型神似人類的娃娃。有許多人帶著頭髮會變長或者會自行移動的娃娃來到我的寺裡，希望能供養它們。但外型和人類截然不同，模樣是交通工具或食物的布偶，則幾乎沒人拿來供養過。

我們果然會對外貌接近人類的東西萌生親切感吧。正因如此，大家或許容易對外表近似人類的人形娃娃產生感情。

某天，一位女性來到寺裡。

她帶來的人形娃娃穿著甜美可人的洋裝，並不太會使人產生不舒服的感覺。我之所以說「不太會」，是因為那個娃娃身上並沒有明顯的髒汙，作工又精細，非常漂亮。

「這個娃娃怎麼了呢？」

我問完這個問題，她一邊頻頻注意娃娃的動靜，一邊開始用有禮的語氣說明事情經過。

這是我去國外旅行時買的人形娃娃。我不曉得是多久以前製造的東西，但我是在古董店裡偶然找到的。

回到日本後，當天我就把這個娃娃拿給住在一起的媽媽看。媽媽看到極為精巧的作工，隨口說了一句：「這太栩栩如生了，感覺有點詭異。」

我輕斥媽媽，這樣說娃娃太可憐了，但我明白她並沒有惡意。

爸媽在我小時候就離婚了，因此我一直很寂寞，收集了許多娃娃，我房裡的娃娃多達好幾十個。有了新娃娃，我開始思考要把它放在哪裡才好。

但那時剛回國，時間又很晚了，最後娃娃仍擺在旅行袋裡，我就直接上床睡覺了。

隔天早上，我感覺到臉頰碰到頭髮的觸感，醒了過來。在床上爬起身後，發現那個娃娃躺在枕頭旁邊。

好奇怪，我昨天應該還沒從包包裡拿出來才對啊。我略感困惑，但那時並沒有太在意。

當天早上趕著出門上班，我隨手把人形娃娃放到桌上，就去公司了。

傍晚回家後，我進到房間，那個娃娃卻像在睡覺似地躺在我的床上。我原以為是媽媽放的，但媽媽卻表示她連我房間都沒進去過。

吃完晚餐再次回房時，我總覺得房間裡的樣子和平常不太一樣，但又看不出來是哪裡不對勁。

那晚睡前，我把這個娃娃再次放到桌上。可是到了隔天早上，它又躺在我的枕頭旁邊了。

一般的娃娃當然不會自己移動位置，我覺得有點恐怖，但一想到這人形娃娃原來這麼喜歡我，也不由得有幾分欣喜。因此這天我就把它擺到床上和我一起睡。早上起床後，人形娃娃和昨晚睡前一樣躺在床上。

然後我就直接出門上班了。然而，傍晚回家後，一踏進房間，那種不對勁的感覺比前一天更加強烈。我終於發現是哪裡奇怪了。

原本擺在房間裡的娃娃，少了三個。

我問媽媽這件事，

「說不定是那個人形娃娃吃醋，把它們丟掉了吧？」

結果媽媽說出超乎常理的回答。

我雖然認為不可能有這種事，但一般來說娃娃是不會自己行動的，因此即使我絕沒有惡意，內心也不禁稍稍害怕起這個人形娃娃。

「請稍等一下。」

聽到這裡，我打斷她的話。

因為我認為她看起來實在太過於介意自己帶來的這個娃娃，沒辦法坦率說出真心話。

於是，我把人形娃娃放到本堂，並決定在隔壁的會客室聆聽後續內容。

「住持，謝謝你。這樣我說話時終於不用顧忌了。」

「那個娃娃聽得懂人話。」

她鬆了一大口氣，再次往下說。

我愈來愈害怕那個娃娃，就告訴媽媽我想把它丟掉。媽媽見我嚇得要命，便向我主動提議，「那我來丟好了。」然後走進了我位在二樓的房間。

過了一陣子，媽媽從我房間回來，這麼說：

「那個娃娃，妳擺在哪裡？」

離開房間前我明明先確認過人形娃娃在床上，就回媽媽說絕對在床上，但她卻說床上什麼都沒有。

這次，我和媽一起去房間看，結果到處都找不到那個娃娃。

「正好，它自己不見了耶。」

媽媽樂觀地這麼說，但我內心的恐懼卻更甚於先前。

那天晚上，我正要入睡時，忽然想到一件事。剛才我們沒有找過床底下。

我心驚膽顫地探頭窺視床下，人形娃娃就在那裡。

我小心翼翼地把它放到床上，一起迎接早晨的到來。因為我害怕再次惹怒人形娃娃。

隔天早上，我決定丟掉這個娃娃。那一天正好是倒垃圾的日子，因此我把人形娃娃裝進垃圾袋，立刻將袋口綁緊，就朝玄關走去。

但媽媽說還有其他東西要丟，她晚點一起拿出去。聽她這麼說，我便放心地直接去上班了。

回家後，為了再次確認，我向媽媽問起那個娃娃。她告訴我，東西很順利地丟到垃圾車裡了。

那天夜裡我睡得非常香甜。

隔天一早，正當我滿心愉悅地迎接早晨，在床上伸懶腰時，有個東西從床上掉到地上了。沒錯。那個娃娃昨晚就在我的棉被上。

掉到地板上的人形娃娃正面朝上，兩顆眼珠子透著怒氣，直直瞪著我的方向。我立刻衝出房間告訴媽媽這件事，她十分震驚，提議要拿到深山或找其他地方丟掉人形娃娃。

隔天，我向公司臨時請了病假，要和媽媽一起開車去車程約一小時的山裡棄置人形娃娃。

這一天，一早就下起滂沱大雨，雨點猛烈撞擊擋風玻璃，加深了我們心中的恐懼。

我們開了一段山路後，隨意找了一個地方停車。

一方面也因為雨勢太大，坐在副駕駛座上的媽媽直接把人形娃娃從車窗扔出去了。我們很清楚這樣做是非法棄置，但實在是沒有其他辦法了。

回家後，我和媽媽立刻分頭檢查家裡門窗是否都有確實關好。在別人看來，這些舉動可能很愚蠢，但當時我們是真心擔憂人形娃娃說不定會自己跑回家裡。

媽媽說，這下終於可以安心睡覺了。但我不同，即使都做到這個地步了，我依然沒辦法徹底放心。

當天夜裡我躺在床上，眼睛雖然一直閉著，卻沒能沉沉入睡。意識矇矓之際，我忽然全身僵直，完全無法動彈。這是我出生以來第一次遇到鬼壓床。

第一次鬼壓床帶來的恐懼使我陷入恐慌，這時，房門口出現有人的動靜。

我將視線轉向那個方向，發現有一道黑影在動。接著，那道黑影緩緩走進我房裡。

一直走到我睡的這張床旁邊後，一個東西掉落在枕頭旁。我直覺肯定是那個娃娃。下一刻，那道黑影就緩緩走出我房間。

房門慢慢闔上的那瞬間，我的身體恢復自由。

但我立刻縮進被窩裡，只希望趕快天亮。我不敢去確認在枕頭旁邊的，是否真的是那個娃娃。

一到早上，我馬上從床上跳起來，發現渾身沾滿泥巴的人形娃娃回來了。

我快要發瘋了。我跌坐到地板上，好想放聲哭喊，這才又注意到一件恐怖到讓我連聲音都發不出來的事。地板上，殘留著泥濘不堪的人類腳印。

「這個腳印難道是……」

我靈光一閃，就去找媽媽。

果然不出我所料，媽媽的雙腳沾滿泥巴。昨天晚上走進我房間的那個人，就是媽媽。

「媽媽，為什麼妳腳上都是泥巴？」我出聲詢問。

「咦？真的耶。」她一臉驚訝的樣子。

玄關媽媽常穿的涼鞋，上頭也全是泥巴。

昨天晚上，媽媽肯定是穿著那雙涼鞋，去那座山裡把人形娃娃拿回來了。不，應該說，她是被迫去拿回來的。

三木住持，我說的都是真的。請你相信我。

說到這裡，她就哭了出來。

因此我提議待會先為人形娃娃誦經供養，再把它燒掉吧。她也贊同這個做法，接著我們就一起去剛才暫放娃娃的本堂，沒想到娃娃卻不翼而飛了。

後來我看過監視器。畫面上出現了一位陌生男性的身影。男性悄然無聲地進入本堂，狀似珍惜地把人形娃娃抱起來帶走了。原來懸絲木偶這種東西，也有人類和娃娃角色反過來的情況呀。

我不知道後來那個人形娃娃去了哪裡，只能祈禱持有者會好好愛惜它。

廢棄村落狂熱愛好者（上）

這些年，日本面臨嚴重的人口減少問題，同時這也加速了農村人口外流，愈來愈多村落走向廢村的結局。

我曾有機會造訪幾個廢棄的村落。在那裡，不管是房屋的外觀還是屋內的擺設，都維持著原本的模樣，彷彿只有時光暫停了。

那副光景簡直像是居民飯吃到一半就匆忙離開家似地，廚房餐桌上的幾個飯碗和茶杯，一直安安靜靜擱在了原處。

這種空屋成群的廢棄村莊，吸引了一些人特地前去參觀、拍照，也就是號稱廢棄村落狂熱愛好者的族群。當然，他們在進入空屋之前，似乎都有先找到原屋主取得同意。

同屬廢棄村落狂熱愛好者的四位大學男生來到寺裡，請我幫忙誦經。幾位學生表示，他們和其他廢棄村落狂熱愛好者一樣，興趣就是拍攝廢棄村落的照片，研究村落逐步邁向沒落的歷史。說完，他們開始敘述駭人的親身體驗。

據說在日本全國各地的廢棄村落中，有些地方會發生超自然現象。但我們至今一次也沒有遇過，並不相信那種說法。在平日生活中也不曾遭遇靈異現象，一直認定自己屬於不具備任何靈感應力的類型。

有一天，我們得到消息說某縣有一個小型廢棄村落，就決定大夥兒一同前往。那個地方位置偏遠，必須先從學校搭幾小時的電車，再租車開上幾小時。要當天來回很困難，勢必要過一夜。

可是住旅館得花錢，我們決定乾脆在廢棄村落裡搭帳棚露宿野外。接下來，我們立刻著手調查那個廢棄村莊的歷史，以及房屋持有者的身分等資訊。

問遍地方政府及相關人士後，我們得知房屋的持有者是一間房屋仲介公司。

對方同意我們可以自由進入屋內隨意拍照，只是他又補上一句，「你們可以隨意逛，但要是發生什麼事情，我們公司一概不負責。」

當時我們並沒有特別放在心上。

後來，我們找到過去曾住在村裡的老人家，打電話到老人安養院，直接找本人談話。

那位老人家表示，這個村落當初會步向廢村是有原因的。那件事發生在距今幾十年前，最初的起因是，一位村民失蹤了。

當時一位原本住在村裡的男性忽然失蹤了，就這樣無消無息過了好幾年。沒想到幾年後，那位失蹤的男性又突然回到村裡。回來後，他完全沒有失蹤那段期間的記憶，也不知道自己那幾年身在何處，做了些什麼。而他在回到村落後，行為舉止變得有些異常。夜裡會突然大聲怒吼，還會寫一些從未見過的怪字。

後來，那位男性的家人也變得不太對勁，最後甚至在自己家縱火，一家人全都過世了。

又過了幾年，一戶人家的玄關大門上，出現了一個用小隻麥克筆畫的塗鴉。那個塗鴉像是從日文平假名「む」變化成的字。大家都感到很訝異，不知道到底是誰畫的。有人說，那個文字很像失蹤男性過去常寫的字。

過沒多久，那一家人忽然過世。接下來，這個不可思議的文字每年都會出現在某一戶人家的玄關上，被寫了字的那一家日後都會遭逢不幸。

「難道是那位男性從陰間回來了？」村裡甚至還冒出了這種說法。不過自那時起，只要玄關上出現那個文字，那一家就會有人過世的傳言開始在村內不脛而走。

那位老人家告訴我們，廢村的根本原因或許不在這件事，不過很多村民在孩子或孫子出生後，開始害怕會失去心愛的家人，一戶接一戶搬走，也是不爭的事實。

聽完這些話，我們又去調查地方政府及村落的相關文件，卻找不到資料可以佐證老人家的說法。

更何況整件事聽起來就像一個鄉野奇談，大家都認為肯定是老人家編出來的故事，根本沒人相信。但只有我不同，我親耳聽見了電話中老人家沉穩的語調和遣詞用字，實在不像在撒謊。

但就算那是事實，我們也不會因此打退堂鼓不去村落。按原定計畫做好準備，朝村落出發。

廢棄村落狂熱愛好者（下）

我們一群人各自帶上帳篷、睡袋及食物，轉了好幾次電車，終於抵達最靠近廢棄村落的車站時，已近傍晚。從車站過去那個村落還有好幾小時的車程。一抵達車站，我們就趕緊到車站附近的車行租車，直奔村落。

半路上，青木說想去廁所。大家就順勢決定在便利商店稍作休息，因為這恐怕是到目的地前的最後一家店了。

採買一些飲料、點心和麵包後，大家都回到車上，只有青木不見人影。我們想著他大概是去廁所了，就待在車上等。但過了好幾分鐘他還是沒回來，正打算去叫人時，青木終於出現了。

「怎麼這麼久，你沒事吧？你身體不舒服嗎？」

面對關心，他只是點點頭，沒回話。

從這裡前往村落的路上會開過好幾段山路及林道，路上又烏漆墨黑的，我們也擔心他是暈車了，但青木輕輕點頭表示沒問題。

在長達幾小時的車程後，終於抵達目的地村落。路上稍微迷路了一下，因此我們到村落時已經超過晚上九點。

在村落的入口附近，一盞路燈孤零零佇立著。

我們四人看向通往村落的道路，在路燈昏暗光暈的籠罩下，幾間荒廢屋子顯得格外詭異。平常我們是壓根不相信靈異現象這種事的，但這次先聽過老人家講的故事了，此刻內心難免害怕起來。

「我看，今天天色都黑了，就先搭帳棚準備晚餐吧。」

我抬高音量這麼提議。

「好，那來把行李搬下來吧。」

「我們動手吧。」

大家相繼以開朗語調應和，好似在抹去心頭的恐懼。

「不過，我想拍廢棄房屋晚上的照片，我去裡頭走一圈。」

青木突兀的發言打破了原先明朗的氣氛。不知為何總感覺不該阻止他，其餘三人皆沉默不語，看著青木沉默地從車上取出相機，快步走上通往村落裡的那條路。

我們有問要不要陪他去，但他拒絕了，獨自沿著那條路前進。

平時的青木個性文靜隨和，總是以群體的和睦為優先考量，並非是個會像今天這樣單獨行動的人，因此留在原地的三人都相當驚訝。

驚訝歸驚訝，大家很快回神，開始從車子裡搬出食物和其他必要用品，想盡早把帳篷搭好。

反正也不會有其他人來，我們就把帳篷搭在村落入口那條路的正中央。在簡易桌子擺上瓦斯爐等器材，開始加熱調理包時，青木回來了。

「喂，青木，有拍到好照片嗎？」

一個人主動這樣問，但他這時也依然只是沉默地點個頭。

大夥兒一邊吃飯，一邊把各種話題拋給青木，但他幾乎不開口，吃完飯，只拋下一句「我先睡了」，就鑽進帳篷裡面。

青木的舉止出現異狀，是從半路上我們休息的那家便利商店開始的。

「他看起來不像身體不舒服，我們應該也沒做什麼事惹他生氣才對。」

「那樣一來，就是其他原因了吧。」

「該不會被什麼東西附身了？」

一個人開玩笑說出這句話，但其他人都笑不出來。

「不管怎樣，我們也睡覺吧。」一個人說完，就進帳篷去了。

「咦？青木不在裡面。」

那人進去後立刻這麼說，從帳篷鑽了出來。

「喂——青木——」

我們大聲呼喊，同時注意到通往村落那條路上有東西在動。

在路燈的光線勉強照得到的地方，站著一個人類，直直望向這裡。我們想也沒想就把手機的燈光對向他，但距離太遠了，看不清楚他的臉。

「青木嗎？」其中一個人這麼詢問。

「對。帳棚太小了，我去剛才那棟屋子睡喔。」

他說完這句話，身影就隱沒在黑暗之中。我們心想，現在不要再刺激他比較好，就回帳篷待到早上。

察覺到帳篷外有動靜，我便醒了過來，發現青木正在用外頭桌上的攜帶式瓦斯爐。

「青木，早安。」

我主動打招呼，青木也笑著回道了早安。其他人跟著陸續起床了，大家一塊兒喝青木泡的咖啡。他和昨晚不同，已經恢復成原本的樣子。

「你昨晚睡得好嗎？」

雖然很想這樣問，但如果在這裡問昨晚的事，害青木又開始不對勁那就糟了，因此大家都刻意不提。

沐浴在陽光下的村落就沒了昨天夜裡那種陰鬱的印象，只是畢竟荒廢了數十年的光陰，建築物的受損程度相當嚴重。

我們盡情拍攝房屋的照片和整體村落的畫面時，一棟焦黑的屋子映入眼底。這棟屋子顯然曾經發生過火災，但它是否和那位老人家說的故事有關則不得而知。

接下來的幾個小時，大家各自按照自己的興趣，一路拍照拍到該打道回府的時間。拆卸帳篷，收拾完各種用具後，所有人坐上車，揮別村落。

回程傍晚六點左右，又來到前一天曾稍作停留的那家便利商店，大家決定今天也在這裡休息。

買東西，上廁所，回到車裡，這次又不見青木人影。他又去廁所了嗎？我們一邊吃著剛買的食物一邊等他。

利用等待的空檔，我們瀏覽起今天在村落拍攝的照片，只要看到有意思的東西就隨口討論幾句，等我們再想到青木，已經過了二十分鐘以上。再怎麼說他也太慢了，正當我們打算去察看情況時，忽然聽見警車的呼嘯聲，一台警車駛進便利商店的停車場。

警察從警車下來，跑進便利商店內。

我們嚇一大跳，目光緊緊追著警察的動向，看見他們跑進了便利商店的廁所，深怕是青木發生意外，便跟著進到便利商店裡。

「喂，開門。」

警察一邊這樣說一邊用力敲門。

「請問發生了什麼事？在廁所裡的人應該是我們的朋友。」

語音才剛落，廁所門突然就開了，青木一臉若無其事從裡面走出來。

便利商店的員工表示，廁所裡傳來大吼大叫的聲音，因為太害怕了，他嚇得趕快報警。

走出來的青木則表示，自己只是一個人在裡面安靜地上廁所，加上現場看起來也沒有物品損壞，警察在問了幾句話後，很快就離開了。

青木的神態看起來也只是有幾分驚訝，並沒有特別怪異之處。

可是，這家便利商店的店員在察看廁所裡面時，說了一句奇特的話。

「這裡之前有這種塗鴉嗎？」

什麼樣的塗鴉呢？探頭一看，彷彿是變形過的「む」。

時間不多了，萬一趕不上最後一班電車就慘了，我們決定立刻回車上出發。

這時，我注意到青木背後的衣服沾上了類似煤渣的東西。難道昨晚他是睡在曾發生火災的那間屋子裡？而且在便利商店發生的事也很奇怪，我有很多問題想問青木，但也不希望把回程的氣氛搞得太僵，最後一句話也沒問出口。

當晚，大家互相叮囑路上小心，約好隔天學校見，就各自回家了。

隔天我們四個人在大學的餐廳裡碰頭，互看其他人拍的相片。

那一天的青木和平時一樣溫和，因此有人就問了。

「我一直很想問，青木，你那天晚上是睡在哪裡？」

「啊，那個呀……」

青木開始講當晚的事。

「那天我們去了便利商店以後，我怕你們擔心就沒講，但其實我好像是暈車了，身體不太舒服。所以我才會早早就跑進帳篷裡睡覺。半夜，我忽然醒來，意識慢慢清醒，卻發現自己一個人睡在黑漆漆的廢棄屋子裡。我嚇一大跳。我也想過要趕快回帳篷去，但不知道為什麼待在那間屋子裡我感到很自在，就又不小心睡著了。到了早上，我有意識的時候，人已經在大家睡的帳篷外頭轉開攜帶式瓦斯爐的爐火，這時有人向我說『青木，早安』，那聲音才使我回復神智。

回程的便利商店也是，我走進廁所的瞬間，腦袋又陷入一片昏沉。是一直到有人激動敲門，我嚇一大跳才清醒過來。當時，我不知道為什麼右手會拿著打火機，還以為是自己不小心誤觸了火災警報器。」

我在寺裡聽四人描述這段經歷時，青木的臉色極為蒼白。

聽到這裡，我開口總結這故事，簡單來講，多半就是那位老人家提及的故事男主角附身到青木身上了吧？

四人聽了，異口同聲地回：「對，一定是這樣沒錯。」

「有什麼可信的證據嗎？」我又問。

他們說真的有證據，然後給我看了幾張照片。

第一張是帳篷的照片，照片下半部寫著一個類似「む」的字。

接著是一張用手機拍的照片。照片中，便利商店廁所牆壁上也寫著類似「む」的字。

青木顫抖地說，說不定當時自己正打算點火燒掉帳篷跟廁所。

我一看到那個文字，就建議馬上焚燒掉帳篷和照片。

請四人一起誦經後，我心想，這樣一來應該就沒事了，順口問了那個廢棄村落的所在地。

當時我並沒有告訴那四位學生，那個文字其實並不是「む」。

形狀看起來的確是很像「む」，但那其實是用草書寫下的「死」這個漢字。
說不定是亡靈有話想說，希望找人傾聽，我決定去那個廢棄村落誦經。
但就在我打算前往時，村落已經全毀了，後來地方政府決議在原址植林。
我不曉得這次大學生遇到的事和以前那段故事是否有關連。只是，我一想到可能還有受困於怒氣的亡靈存在，內心就有幾分難受。
直至今日，我偶爾仍會想起那個村落，為其誦經。

公共電話

來自日本全國的求助訊息中，無法用科學解釋的案例數不勝數。但其中也有一些不可思議的現象，是可以連結到現實世界的。

下面要敘述的故事也是其中一個。

一對夫婦來寺裡找我商量。

先來聽太太的說法。

我們夫妻住在〇〇市〇〇町。那天要去京都辦事，兩人一同出門。

工作結束後，又和合作夥伴一塊兒用餐，等我們離開京都市時，都已經過了深夜〇點。

我老公開著車在高速公路上奔馳，從○○交流道下去，接下來必須要翻過一個山頭。

才剛開上蜿蜒的山路，老公就忽然「啊」地驚呼。我嚇一跳，問他發生了什麼事，他說快沒油了。

我們人在山路上，而且又是大半夜，有其他車輛經過的機率趨近於零。這種情況下，該怎麼辦才好呢？我們思考後得出的結論是，只能開到哪裡算哪裡了。

老公盡量避免重踩油門，用最省油的方式慢慢開。但我們正在山路上爬坡，肯定比平面道路更耗油。萬一車子在荒郊野外的山路上突然不動了該怎麼辦，我心裡的愈來愈是不安。

此時我忽然想起，我們有加入道路救援服務的會員。於是趕緊拿出收在副駕駛座前方置物盒內的合約書細看，上面寫二十四小時服務。我立刻掏出手機，正要打電話時才注意到，螢幕顯示這裡收不到手機訊號。

老公見狀就提議，這座山的山頂附近剛好有一個公共電話亭，我們想辦法開到那裡吧。他出於工作需要經常往來這條路，剛好有印象。

油表早就亮燈了，拐彎時車子偶爾會不穩定地左搖右晃。

就在我有心理準備車子隨時都可能停下來時，昏暗的山路上出現了一小團亮光。是老公剛才說的公共電話亭。

我們趕緊將車子靠邊停好準備過去，不過在車燈熄滅的狀態下，那個公共電話亭散發著詭異的氛圍，要不是現在情況緊急，我根本不想靠近。

老公帶上寫著道路救援服務電話的那張紙，朝公共電話亭走去。我留在車裡，目光追著他的身影。

他走到公共電話亭前面，卻不知為何在外頭停下腳步，也不進去，就一直呆站在原地。

他在幹嘛啊？我奇怪地按下副駕的窗戶，出聲問老公：「怎麼了嗎？」

沒想到他一臉訝異地指向公共電話亭裡，又馬上疑惑地偏過頭，走進裡面。

我搞不懂他原本是想做什麼，但謝天謝地他開始撥電話了。然後，大概是連繫上道路救援服務了吧，他看起來正在和對方談話。這下終於可以放心了，我才正要鬆一口氣時，傳來「碰」地一聲巨響。

我慌忙看向電話亭，老公倒在地上。我立刻衝出車外跑過去，地上的老公已經翻白眼，口吐白沫了。

我嚇壞了，先按下公共電話上的紅色緊急按鈕，撥一一九報案。

老公被送到醫院，車子則請道路救援服務之後再運回家裡。

到這裡是太太的敘述。接下來我請先生發言。

我順利開到公共電話亭之後，心裡鬆了一口氣。

接著下車朝電話亭走去，準備打電話給道路救援服務。

深夜的山路暗到令人害怕，我一邊留意腳下一邊前進。

所以我的目光一直沒有看向電話亭裡，走到電話亭附近才發現，裡面有一位女性。

我驚訝地想，這種大半夜又是深山裡怎麼會有人，但也只能等了，就站在附近等她出來。

結果過一下子，我太太探頭出來大聲問：「怎麼了嗎？」我想用肢體語言告訴她裡面有人，伸手指向電話亭時，才發現裡頭居然空無一人。我雖然覺得奇怪，但一想到現在最重要的是趕緊求救，便不再多想，一腳踏進電話亭裡。

可是，門一關上的瞬間，我這輩子第一次失去身體的掌控權。

身體完全動彈不得，我想要呼救，卻連聲音都發不出來。我陷入恐慌，但接下來又發生了更駭人的事。

左手無視我的意願自己動了起來，拿起話筒。然後右手也動了，投入一百日圓硬幣。

右手接著一一按下按鍵。

我的意識很清楚，一直在心裡大喊，「你要打去哪裡？停下來啊快停下來！」但我沒辦法讓按按鍵的手停止動作。

不是我的某個人撥出那通電話後，從話筒中傳出鈴響。

「嘟嘟……嘟嘟……嘟嘟。」

我繼續在心裡吶喊，拜託千萬不要有人接起來，無奈卻事與願違。

「喂。」

一個懶洋洋的年輕男性聲音傳來。

我使盡所有力氣很想撐開嘴巴說：「不好意思，我打錯電話了。」卻一個字也發不出來。

「喂，誰啊？說話啊。」

電話另一頭操著關西腔的男性，語氣開始有些激動。

那瞬間，一個我從未聽過的女性聲音這麼說：

「拜託。救我。放我出去。」那聲音毫無疑問是從我嘴巴裡發出來的。

「啊？妳是誰啊？來找我吵架嗎？」

電話另一頭，那位男性的聲音清晰透著怒氣。

「對不起。對不起。請放我出去。」

這次連我的身體都懇求似地低下頭。

「莫名其妙的女人，不准再打過來！」

對方一說完掛上電話的瞬間，我的身體頓時彷彿被抽乾所有力氣，人失去了意識。

等我醒來，已經躺在醫院的病床上了。

我在聽這對夫妻敘述時，腦中浮現了幾個疑問。

首先，操縱先生身體的那個女人是誰？再來，掛掉電話的那位男性又是誰？還有最重要的一件事，那位女性說的「救我」、「對不起」這些話，究竟意味著什麼？

我向這對夫妻提出這些疑問後。

他們表示，故事還有後續。

我老公在那間醫院接受了各種檢查，結果沒有任何異常之處。醫生說，可能是因為找到電話亭這件事，讓他從車子快沒油了的緊張感和沉重壓力中突然獲得釋放，才會昏了過去。儘管老公和我都不能接受這種說法，我們還是直接出院回家了。

回家當晚，我在寢室睡著後，半夜突然察覺到有動靜。我睜開眼睛，看見老公起身走出房間。

我以為他是要去上廁所，結果並不是。

他沒走向廁所，卻朝放電話的地方前進。接著，開始撥起電話。我暗忖，難道是老公在那個公共電話亭經歷過的狀態，又發生了嗎？我當機立斷要記下電話號碼，就悄悄繞到老公身後觀察情況。

他用手指按下一串手機號碼，〇九〇——〇〇〇〇——〇〇〇〇。一等他按完，我就立刻掛上電話。我怕讓對方得知我們家的電話號碼。

結果老公和上次一樣，翻白眼昏倒了。過了十分鐘左右，他恢復意識後，向我道謝。看來他剛才意識果然是清醒的。

既然知道對方的號碼了，我就拿手機用未顯示號碼試著撥出電話。電話另一頭正如老公先前描述的，傳來懶洋洋的男性聲音。

說明了來龍去脈後，我詢問對方是否願意碰個面。

「要碰面也可以，但一小時要一萬日圓。」

他這麼回答。

「我知道了。我們會付一萬日圓，明天碰面吧。」

我當然清楚他是在獅子大開口，但只要能釐清原因，讓老公不再繼續受害，那還是很值得。因此我才會立刻同意。

隔天，我和老公準時到對方指定的咖啡廳。

前來的是，一位看起來品性惡劣的年輕男子及臉上有類似挨揍傷痕的女性。

「突然聯繫你們真不好意思。」老公先以這句話開場，對方則劈頭就要求先付錢。

我將一萬日圓紙鈔遞給他，男子看了下手機顯示的時間，再次強調：「只有一小時喔。」那種懶洋洋的語調和聲音，毫無疑問就是電話裡的那個人。

在敘述完整件事的經過後，我問他那位女性說的「救我」和「對不起」，有沒有讓他聯想到誰。

結果他不屑地笑著回，「我想到的人太多了，不曉得是誰耶。」

我忍不住火大，但老公說：

「這樣呀。不好意思占用你的時間。謝謝你。」

然後那名男子就起身離開咖啡廳了。

我怪老公為什麼不多問一些問題，沒想到他冷靜地回：

「我要跟蹤那個男的。」並表示要找到那名男子的住家位置。

要在不被發現的情況下跟蹤那名男子，出乎意料地簡單。他走進的那棟公寓，距離我們碰面的那家咖啡廳只有幾分鐘的路程。
老公和我一靠近公寓，就聽見小孩子哭喊「對不起，放我出去」的聲音。
我們二話不說當場報警，並通報社會局。
後來，那位男性遭到逮捕的新聞上報了。根據報導，警方救出一個被關在狗籠裡的三歲小女孩。男子並非小女孩的父親。每次小女孩的媽媽想保護孩子時，就會遭男子痛揍一頓，偶爾還會被載到深山裡的電話亭丟下來。
那對夫婦說這些話時，眼眶蓄滿淚水。我也止不住流淚。
先生表示，那個小女孩獲救後，他再也沒出現不由自主撥電話的現象了。這次夫婦倆來寺裡的目的，是想來拜託佛祖，如果世界上的某個角落，還有其他孩子正在受苦，希望佛祖能幫助他們。
我們誠心誠意地一起祈禱，願此刻正在受苦的孩子們，以及正因養育孩子而受盡折磨的父母們，都能獲致幸福。

到頭來，我依舊不曉得附身到先生身上的那位女性，是否就是由受虐女童的意念所產生的。但我能肯定地說，行惡之人終有一天會遭受報應。

雖然無法預知那個報應會在這一世來，或死後才來，但總之一定會降臨到惡人的身上。

很眼熟的陌生人

「那個人我曾經見過，到底是誰啊？」

各位是否曾有過這種經驗呢？

明明感覺自己見過那個人，卻想不起任何有關對方的資訊，例如是在哪裡遇到對方，當時是否聊了些什麼等諸如此類的情形。我曾因這種事而困擾過。

後來我終於想起來，原來我們只是常常搭上同一輛電車，彼此之間並沒有特別的關聯。

只是在經常光顧的店家或上班上學路上會遇見的關係，沒打過招呼，甚至沒有交談過，卻相當眼熟的陌生人，在我們的生活周遭其實還不少。

像這樣知道對方長相，彼此的關聯性卻相當淡薄的存在，在心理學中稱為

「熟悉的陌生人」（Familiar Stranger）。

熟悉的陌生人和另一種跟自己毫無關聯的他人有細微的差異。我會這麼說，是因為據說萬一發生困難時，這種人會立刻互相幫助。

比方說每天上班搭的那輛公車遇上車禍時，相較於完全沒見過面的人，熟悉彼此存在的陌生人會更願意互助合作。

就算想不起彼此之間的關聯，光是記得對方的長相這件事，在危急之時想必就會發揮作用。有種說法是，前世的五百次回眸才能換得今生的一次擦肩而過，因此我們要珍惜各種緣分。

一位女性就曾跟我分享，她和雖然見過卻想不起彼此關聯的人之間的故事。

「那是我小時候的事了。」

那位女性流露出懷念往昔般的神情開始敘述。

我是獨生女，一直以來都是自己在房間的床上睡覺。但一個人睡太孤單了，每天晚上睡前，我都會纏著媽媽唸各種故事書給我聽。

拿來當作睡前故事的書本種類多元，其中我特別中意怪談的書。因為我非常喜歡一邊聽怪談嚇到發抖，一邊連人帶頭躲進棉被很安心的那種感覺。人窩在棉被裡，媽媽就在聲音可以聽得一清二楚的身旁，這種百分之百的安全感，令人舒心至極。

然而，一個夏日夜晚，發生了讓我即使躲在棉被裡也心生恐懼的事。

我打開寢室的冷氣，和平常一樣連人帶頭鑽進被窩後，就請媽媽唸故事書。

媽媽一如平常開始唸書時，天空忽然降下傾盆大雨。雨點不斷猛烈敲擊窗戶，雨勢大到就連房間裡都能聽見雨聲。

「雨好大喔。聽得見我的聲音嗎？」

媽媽這樣問我。

我雖然聽得見，還是拜託媽媽再大聲一點。

媽媽便用比平常更大的音量唸起怪談故事。過了一陣子，外頭除了大雨，甚至響起轟隆轟隆的雷聲。

以前我深信只要待在棉被裡，自己就是絕對安全的，但那駭人的雨聲及打雷聲讓年幼的我十分恐懼。

更驚悚的是，媽媽唸故事書的聲音。是因為雨聲和雷聲的影響嗎？那聽起來不像是媽媽平常的聲音。

我嚇壞了，拜託媽媽進到被窩裡陪我。

媽媽答應了我的請求，鑽進我躺著的被窩中，貼到我的身旁。我在被窩裡緊緊抱住媽媽，繼續聽故事。

不過，故事內容在講些什麼，我幾乎都沒有聽進去。

猛烈擊打窗戶的暴雨、雷聲，再加上怪談，這是最完美的恐怖場景了，但緊抱著媽媽的安心感讓我打起瞌睡。

就在這時。

「碰！」

一道破裂聲響起，同時帶來了微弱的震動。好像是雷打在附近了。

我睡意全消，嚇到用力抱緊媽媽。媽媽又開始唸起怪談故事。

再一次，我快要睡著時，忽然有種不對勁的感覺。

「有什麼地方不太對。」我立刻發現那種感覺源自何處。

媽媽的聲音。

唸書的那個聲音明顯和平時的媽媽不同，音質略帶沙啞，聽起來像老婆婆的嗓音。

我依然緊緊抱著眼前的人，轉頭從棉被縫隙窺視媽媽的臉。結果，那張臉是個完全不認識的人。

「媽媽。」我下意識叫了聲。

那個陌生人聽了，緩緩看向躲在被窩中的我，微笑說：

「快點睡吧。」說這句話的人，不是媽媽，是一個不認識的老婆婆。

不知為何媽媽消失了，我在被窩裡緊緊抱住的，是一個不認識的老婆婆。可是現在要是輕舉妄動，似乎就會發生更恐怖的事，因此我決定繼續保持原本的姿勢。

等我醒過來，已經早上了。被窩裡只有我一個人躺著，媽媽不在，那個老婆婆也不在了。

我立刻爬出被窩找媽媽。廚房有動靜，我趕快走過去看，媽媽和平常一樣在那裡。

當時年幼的我沒有告訴媽媽這件事。因為我有一種感覺，要是我說出來，那位老婆婆好像就會再冒出來。

那一天，我沒向任何人透露此事，默默回想著昨晚的老婆婆。要是她今晚又出現該怎麼辦，我心裡很害怕。

忽然，我有一種很奇怪的感覺。我發現，自己見過昨晚那個老婆婆。至於是在哪裡見到的，我想不起來，但我很確定自己一定見過她。

那天夜裡，媽媽一如往常為我唸書。今天實在是不敢聽恐怖故事了，就請媽媽讀民間故事。在開始前，我先請教了媽媽。

「要是妖怪來了，我該怎麼做才好呢？」我這麼問。

「妳只要說，請等我長大以後再來，就可以囉。」媽媽說。

「很久很久以前，在某個地方，有一位老爺爺和一位老奶奶。」媽媽和平日一樣的聲音讓我很放鬆地聽故事。今晚是沒有雨聲和雷聲干擾的寂靜夜晚。

「咳咳。」

媽媽突然一陣劇烈咳嗽。昨晚那位老婆婆的臉頓時浮現我的腦海。

咳嗽聲停止後，媽媽再次開始朗讀，但聲音卻變成老婆婆的嗓音了。

「請等我長大以後再來。」

我按照媽媽教的說法，在被窩中大聲喊。

下一刻，棉被忽然被掀起，「怎麼啦？」關切問話的人，是媽媽。

從那天以後，我再也沒見過那位老婆婆。但一直到長大成人後，當時那位老婆婆的長相我依然記得一清二楚。就連那一夜並不是我第一次見到她，以前曾在某處見過的感覺，也一直留存到今天。

心底埋藏著這段記憶過了二十年以上，我也結婚生了小孩，跟當初媽媽為我做的那樣，會在小孩睡前唸故事書哄他入睡。

一天夜裡，我和平常一樣唸故事書給小孩聽時，他突然說了這樣的話。

「老婆婆說她來了喔。」

小孩指著我背後這麼說。

一股寒意竄過我的背脊。我感受到背後有其他人在。

我膽戰心驚地回過頭，那裡站著小時候曾見過的那位老婆婆。我驚嚇到發不出聲音，但我的小孩卻不同。

「老婆婆，妳是誰？」

他毫無懼色地問。

那位老婆婆張嘴說話，但我什麼聲音都聽不見。不過小孩狀似聽見了，頻頻點頭。

「這樣呀。嗯！那下次見喔。晚安。」

小孩說完的同時，老婆婆就消失了。看來兩人的對話似乎結束了。

「那位老婆婆是誰？」

我極力掩飾自己的顫抖，詢問兒子。他這麼告訴我：

「她說她是外婆的媽媽，媽媽的外婆。」

我這時才終於想起來。那位老婆婆是我的外婆。

外婆在我出生後沒多久就過世了。每次回媽媽老家，她都會叮囑我要先去佛壇向外婆的牌位合掌致意。佛壇上的外婆遺照隱約殘留在我的記憶中，我才會一直有種曾在哪裡見過她的感覺。

我第一次向媽媽提起此事，她這麼說。

外婆一天到晚都在操心我這個孫女。我從小膽子就特別小，光是東西從桌上掉下來的聲音也會害我嚇哭。

每次我一哭，外婆就會馬上跑過來安慰我：「不怕不怕。沒事的。」把我抱進懷裡。直到過世前都還在掛心我的事。

那一天，大概就是因為我在棉被裡感到害怕，她才會擔心地現身吧。結果我卻以為她是不認識的老婆婆，嚇得說出那種沒禮貌的話，叫她等我長大後再來。

不知道相隔了多少年，我再次來到媽媽的老家，也去了趟外公外婆的墓上香。為自己過去無禮的行為道歉，並告訴他們可以不用再為我操心了。

她表示，自從經歷了這件事後，她開始認為幽靈並非恐怖的存在。

已離世的亡靈儘管是想保護對方才現身，卻常常反而嚇到對方導致了反效果。如果真要出現，很希望亡靈能挑個不會嚇到對方的時機。另外，當他們出現在各位眼前時，也希望大家不要害怕，帶著「抱歉讓你擔心了」的心情，合掌致意。

看不見的事物更真實

想必許多人會說自己不相信世界上有附身這種現象。但我現在就被一個靈魂附身著。

被哪個靈魂附身著呢？被名叫三木大雲的靈魂附身著。活著，就是自己這個靈魂，附身在人類的身體上。

佛教的觀念是，身體是向自然界借來的，因此死後也必須回歸於自然。

身體和靈魂是不同的兩個東西。比方說，臉上掛著笑容，內心卻在哭泣；表面上在道歉，內心卻在大吐舌頭，這類表裡不一的情況是真實存在的。

也就是因為這樣，才會出現身體健康內心卻生病了的狀況。既然兩者是各自獨立的，身體應該會想被良善的靈魂附身才對。

而這個現象也能適用於物質上。
自古以來講「萬物皆有靈」，無論是物品、植物或地點等全都有靈魂。我們多半傾向於注意眼睛看得見的東西，但我認為也有必要去留意那些眼睛看不見的事物。或許那些地方，才更是反映了真實。
我前面也曾提及，御守及御札之所以能保護持有者，是因為裡面蘊含的純粹願力。
但如果一個東西是被灌進了充滿邪惡意念的詛咒，或許就會被視為不祥的物品。
所以，一方面也是為了身體好，我們必須努力保持自身靈魂的良善。

第五章

現身

現身[1]，指的就是現在活著的這個身體。

現在我們生活的這個世界，在佛教中稱為「現世」。

「現」，是「顯現」的意思。現身及現世就各自代表了顯現出的身軀與顯現出的世界。

那麼，究竟是什麼顯現出來了呢？

其實就是過去累世的因果報應所招致的善惡業顯現出來了。但這並不代表過去幾世做了壞事，現在就會過得不幸。

事情不光是善或惡，幸或不幸，那麼簡單。多生累世的業及因果報應，是以錯綜複雜的方式相互交織，而顯現出一個最適合敦促那個靈魂向上提升的世界。那個世界就是現世，而適合的身體就是現身。

現世是依據名為「十二因緣」的複雜架構所決定，因此實在沒辦法在這裡清楚說明。但如果用最簡化的方式解釋，就是無論惡行或善行，最終都必定會回到自己身上。

現身，只有我們現在看見的這個身體嗎？我希望這一章的內容能刺激各位去思考，現身究竟是什麼。

1 「現身」為日本特有說法，可對應的中文是此生色身或肉體。

貓

「從某一天起，我開始在房裡聽見人獸相爭的聲音。」

神情畏怯說出這句話的人，是一位在醫院櫃檯服務的三十多歲女性，吉田小姐。

她和兩位女同事一起到寺裡來，希望委託我處理一件事。

三人都是單身，交情要好到放假時也會結伴去旅行。

「妳說是從某一天開始的，那是怎麼一回事呢？」我問。

吉田小姐先深呼吸，才緩緩開始陳述。

事情的起點，是我們三人打算利用夏季的盂蘭盆節[1]假期，去靈異景點一探究竟。為了找到適合的地點，我們在網路上蒐集資料，詢問怪談愛好者，終於決定去深山裡遠離塵囂的廢棄醫院。聽說以前那附近曾有溫泉鄉，但現在也徹底荒廢了。

我們三個只好找距離那間廢棄醫院最近的住宿地點。雖然說最近，開車也要一個小時。是有點遠，但那家旅館是溫泉旅館，我們想著應該可以好好享受一番，就訂了那家旅館。

其實，我就是從那個時候開始聽見不可思議的聲音。訂好旅館當天晚上發生的事。

半夜睡覺時，不知從何處傳來「喵～喵～」的貓叫聲。

我住的那棟公寓大樓，牆壁絕對沒有薄到可以聽見隔壁的貓叫聲。而且我家可是在六樓，聲音有可能傳進來的地方頂多只有大門外的走廊，所以我也開門出

1 盂蘭盆節，日本祭祖的節日，類似台灣的清明節，時間通常落在新曆八月十五日附近。這段假期通常至少有四天，有時更長。

去看過了，但沒有任何異狀。我想可能是心理作用吧，就鑽回被窩繼續睡。結果再次聽見了貓叫聲。

窗戶也關得牢牢的，那個叫聲到底是從哪裡傳來的呢？我豎耳傾聽了一陣子，但不小心就睡著了。

隔天我徹底將那個貓叫聲拋諸腦後，滿心都在期待後天大家就要一起去溫泉旅館的旅行。

當天晚上我躺在床上，又聽見了那個貓叫聲。

「喵～喵～」的叫聲，比昨晚聽起來更靠近了。難道是貓咪誤闖進來，跑到公寓的某個縫隙裡，結果出不去了嗎？我不由得擔心起來。

我從床上爬起身，走到外面走廊上。我這才注意到每天生活的公寓大樓原來在深夜時是如此安靜。安靜到會讓我發現這件事。

我又回到家裡。家裡面除了「呼——呼——」送風的冷氣聲，就再沒聽見其他聲響了。

果然是我心理作用吧。正當我這麼想時，「喵～喵～」那道貓叫聲又出現了。

我聽不懂貓的語言，但我感覺那個聲音正在強烈地向我訴說什麼。那一天，後來就沒有再聽見貓叫了。

到了隔天早上，我把這件事告訴公寓大樓的管理員。他表示貓咪不可能通過公寓的自動門鎖，搭上前往六樓的電梯，還跑進房間裡面去。他的說法確實有理，我也只好接受。

到公司後，我主動向其他兩人提了這件事。但她們可能是累了，都不太有反應。她們的心思都放在明天的溫泉旅行，還有去靈異景點的計畫，這方面大家聊得很熱絡，我也就決定別再掛懷那個貓叫聲了。

下班後，收好隔天要出門旅行的行李，我比平常更早上床睡覺。

然後，這一天果然又聽見了。

「喵——喵——」

那個聲音已非昨天之前的可愛貓咪聲，偶爾甚至還參雜了威嚇似的「嗚喔——」的聲音。

我繼續躺在床上，豎起耳朵搜尋聲音是從哪個方向傳來的。結果那個聲音明顯就在房間裡。

我的內心漾開言語難以形容的恐懼，打開手機的手電筒，檢查房間一圈，但結果當然是什麼也沒有。

我只好試圖把注意力轉移到明天的愉快旅行，戴上耳機聽著音樂，強迫自己入睡。

天亮後，我立刻出門。今天說好要坐我的車去，我按計畫把車開到集合地點，接到她們兩人後，就出發前往溫泉旅館。

在車上，我向兩人提起昨晚的事。她們笑著說，該不會是今晚要去靈異景點的前奏吧，並沒有當一回事。

路上我們順道逛了好幾處觀光景點，因此抵達旅館時已經過傍晚了。

旅館的外觀比我在網路上看到的照片更蕭索得多。而房間內部和外觀一樣，就算想說些客套話也沒辦法稱讚它漂亮。

「不過這種昭和年代的歲月感，等我們晚上從靈異景點回來後，反而會很有氣氛喔。」幸好同行的兩人反倒開心地認為很棒。

吃過晚餐，泡完溫泉，我們終於要向靈異景點廢棄醫院出發了。

儘管這條山路我是第一次開，並不熟悉，但看著手機螢幕顯示的地圖，很順利地抵達目的地那間醫院，過程中都沒有迷路。

我把車子停在廢棄醫院入口前面的位置。一想到病患們過去多半都是在這裡上下車，就不禁有點心酸。

然後我們熄火下車。

醫院入口在附近路燈的照耀下，飄盪著一股詭譎的氣氛。

「那我們進去吧。」

我們紛紛打開手機的手電筒，邁步就要朝裡面走。

這時，我清楚聽見了貓叫聲。

「嗚喔——嗚喔——」是全然威嚇的那種叫聲。但聽見這聲音的人，只有我。

「妳又來了，妳就是想嚇我們。」面對如此反應的兩人，我堅持自己真的聽見了，但她們始終不相信。

「快進去裡面吧。」她們催促地說，老實講我心裡很害怕，但一個人留在原地更恐怖，只好也跟著朝裡面走。

醫院內部損壞的程度並不嚴重，門診治療室、手術室這些掛牌上的字依然清晰可辨。

由於我們平時就在醫院上班，各項醫療器具自然引起了我們的濃厚興趣。

手術室的地板上散落著生鏽的鉗子，以及固定傷口邊緣保持傷口打開的開創器等各種工具。我們一一撿起來，討論和現在的工具有哪些差異，聊得不亦樂乎。

「去二樓看看吧。」接著有人這麼提議。就在我們走出手術室，開始朝通往二樓的階梯前進時。

「碰！」

手術室的門突然在一陣巨響中自行關上了。

我們嚇一大跳，回頭看向手術室。然後，我們三個都看見了。

一團像人影的黑色物體從手術室出來了，而且，那道黑影正朝我們的方向跑過來。

我們一邊尖叫一邊往醫院裡面跑。打開走廊盡頭的一扇門，我們順利逃到外頭。

我沒辦法理解剛才究竟是發生了什麼事，但下一瞬間，醫院走廊上響起了吼叫聲。

「嗚喔——嗚喔——」那是低吼般的男性聲音。

那道聲音真真切切正朝我們逼近。我們嚇到動不了。「再不逃就會有危險。」我這樣想著，一把抓住兩人的手臂，使出全身力氣拉扯她們。我們再次朝車子的方向全速奔去。

不曉得跑了多久，已經看見車子了，而這時我回頭望向那道黑影，才驚覺它已經追到只差幾步之遙的距離。

「快上車！」

我向兩人大喊。

她們坐上後座，但我還得跑到前方的駕駛座才行。就在我心想可能來不及了的瞬間，忽然聽見那個貓叫聲。

「嗚喔——喵——」

那道咆嘯似的吼聲是從黑影所在的方位傳來的。同時間，也響起了男性慘叫般的尖銳叫聲。

我嚇到腿軟，頓時虛脫倒在車子前面。原本已經上車的兩人趕緊下車把我扶上車。

我們坐上車後，還是聽得見淒厲的男性慘叫和威嚇似的貓叫聲。我完全慌了手腳，不曉得此刻該怎麼辦才好，但我突然想起小時候外婆每次面對佛壇時都會誦唸的佛經，不假思索地大聲喊了出來。

「南無妙法蓮華經，南無妙法蓮華經。」

我根本不知道這幾個字是什麼意思，也不曉得這到底是不是佛經，但我就是一個勁兒地喊。沒想到，事情很不可思議，男性聲音和貓叫聲都消失了。

我坐在車上看向重返寂靜的廢棄醫院。只有那裡，好似通往異世界的入口一般，瀰漫著一股沉重混濁又詭異的氣氛。

我頓時明白我們必須立刻離開這裡，強行壓下內心的恐懼，發動汽車引擎。

三位想必是回想起當時的恐怖感受了吧。敘述完畢後，吉田小姐忍不住流下淚水，哭了起來。

我沒有造訪過那間廢棄醫院，因此我不清楚實際上的氛圍。只是，聽三人親口描述的過程中，真不可思議，我並沒有任何不舒服的感覺。

然而我認為還是有必要為待在那間廢棄醫院的男性和貓咪進行追善供養。雖然不曉得他們的名字，我和三位女性仍一同在本堂為那位男性和貓咪誦經。

後來，吉田小姐又來到寺裡，告訴我一件事。

在本堂誦經完的那天夜裡，她做了一個夢。

「我夢見自己穿著幼稚園的制服。年幼的我專心在玩球，沒有先看向左右來車就跑到馬路上。不巧有一輛卡車衝了過來，就快要撞上我了。我心想『完了！』的瞬間，一隻耳朵尖端有缺口的茶色貓咪狠狠把我撞開，讓我閃過卡車，救了我一命。」

吉田小姐把這個夢境告訴母親，結果母親這麼回：

「啊，那說不定是茶德蘭耶。」

吉田小姐幾乎沒有印象了，但小時候外婆曾養過一隻耳朵尖端缺了一角的茶色貓咪。

「說不定當時就是那隻名叫茶德蘭的貓咪，不僅先三番兩次來警告我不要去廢棄醫院，後來又在危急關頭出手相救。」她說完，這次流下了感激的淚水。

返鄉

日本全國各地都會邀請我去演講，這實在是相當令人感激。

那一天我是在東京演講，有兩百位左右的聽眾共襄盛舉。演講結束後，我想向準備離開的各位聽眾道謝，就站在出口附近向大家致意。

這時，一位男性走近向我搭話。

「你還記得我嗎？」

那一瞬間我有點困惑，但立刻想到了。

「你難道是，金田？」

我這樣反問後，他顯得很開心，一臉高興地說你居然記得我。

金田是我高中時代的朋友，畢業後我們就沒再碰過面了。他得知我要在東京演講，便特地過來捧場。

東京演講的安排是連續兩天，因此當天晚上我就住在東京。我們決定共進晚餐。

久別重逢的我們聊起高中時代的回憶聊得十分起勁。他是靠棒球推薦入學的，當時每天從棒球社的宿舍上學。他老家在京都的郊外，對京都市區不太熟悉，因此棒球社放假時，我經常帶他去市內逛逛。高三那年夏季尾聲，我也去過他老家玩。

我們暢聊一番往事後，話題很自然轉向畢業後的人生。

金田高中畢業後沒有繼續讀大學，而是選擇進入汽車產業任職。他從高中就熱愛汽車，即使從現在來看，那也可以說是最適合他的工作環境了。

後來他結婚，生了一個小孩，舉家搬到東京的秋葉原，買了一戶公寓，一家三口就住在那裡。

「你都沒回京都嗎？」

聽見我的問題，他說大約兩年前，公司突然給他三天假，他才相隔許久回了老家一趟。他開始敘述當時的事。

他老家位在京都北部的鄉下，雙親務農。

從京都市區搭電車幾小時後，就會抵達〇〇站。這一站是無人車站，模樣依舊和高中時一模一樣。

接下來要搭公車前往老家，但要到老家附近的公車站牌，又需要再花上一個小時。不過他沉浸在許久未見的風景之中，只感覺一晃眼就到了自己要去的公車站牌。

他說自己下公車後，感動得都流淚了。一方面當然是覺得懷念，但更多的是，這裡和大城市不同，樹木、田地，甚至是河水潺潺流動的聲響，都仍保有往昔的風貌，令他感動莫名。

從公車站牌到老家的路上，他飽覽優美的田園風光，感受著輕柔微風的吹拂，在草地花兒綻放的香氣中，悠閒地走到老家玄關。

其實他沒有事先告知爸媽自己要回老家，因此這時他也很期待兩老會出現什麼樣的反應。

他打開玄關大門，大聲喊道：「我回來了。」裡頭接著傳來令人懷念的聲音，「來了——」媽媽邊說邊走出來，又「哎呀——」地驚呼。

聽見媽媽的驚呼而感到訝異的爸爸也出來了。他一臉愉快地說，自己嚇了好大一跳。

當天夜裡，一家人和叔叔，還有附近的鄰居們談笑敘舊到很晚，場面熱鬧又溫馨。

他見夜漸漸深了，想說差不多該散會了，便走到以前在二樓的房間，發現高中時睡的那張床還原封不動的擺在原處。

到了早上，他走到一樓，爸媽對他說：

「昨天真的很開心。但你今天就回家去吧。你太太和孩子會擔心你的。」

他想了想，三天假期全用來幫自己充電的確不太妥當，就決定回東京了。

「你們也找時間來趟東京吧。我帶你們去逛逛。」

他這麼說完，爸媽很開心地回：

「那麼，就八月盂蘭盆節那時去找你好了。」

約好下次再碰面的時間後，他就直接出發回去東京的公寓。

他家位在公寓的六樓，踏進電梯後，他忽然擔心起來，雖說只有一個晚上，但自己一個人跑回老家，不曉得太太有沒有不高興。說不定她會感到生氣。

到六樓後，他打開自己家的大門。

「我回來了。」

他盡量用最開朗的聲音打招呼。

「啊，是爸爸的聲音。爸爸回來了。」

剛滿四歲的兒子從走廊上跑過來。

他張開雙臂正要抱住自己的兒子時，太太卻從後面跑過來，一把將長男抱進懷裡，直接衝出玄關到外面去。

他心想，太太果然生氣了，但也沒必要氣到這種程度吧，便追在後頭跟著跑了出去。

他太太很焦躁地拼命按電梯按鈕，他一邊道歉一邊跑近，結果太太就抱著孩子從逃生門出去了，沿著螺旋狀的階梯一路往下跑。

「等一下，妳不要跑那麼快，很危險，妳聽我解釋。」

他大喊，跟著快步跑下螺旋階梯，卻不小心踩空從階梯上滾下去。後來發生什麼事，他就完全不記得了。等他醒過來，人已經躺在醫院的床上。

他渾身劇痛醒來後，護理人員朝他問了一遍又一遍：「你沒事吧？你知道自己叫什麼名字嗎？」他睜開眼，想回答，卻發不出聲音。

「我到底是從那個螺旋階梯滾下了幾層樓的高度啊？太太跟小孩在哪裡？」

他正在思考這些問題時，

「老公，你沒事吧？」

太太哭喊的聲音響起。

「他才剛恢復一點點意識。太太，請妳先到外面等候。」

他聽見護理人員這麼說，隨即又失去了意識。下次再醒過來時，太太和小孩都守在病床旁，哭著慶幸他沒事。

「抱歉。」他說。太太眼眶蓄滿淚水回應。

「爸爸，你沒有錯。是那個卡車駕駛闖紅燈。」

「卡車？闖紅燈？」這時，他才第一次聽說了事情的來龍去脈。

按照太太的說法，他在上班途中遭闖紅燈的卡車撞飛，被救護車送到醫院，之後昏迷了大約三天。

為了照顧他，太太帶著孩子住在醫院，但萬一讓小朋友累壞也不行，中間就回了一趟公寓。

回到家，她正打算小睡一會兒時，小孩突然說：「啊，是爸爸的聲音。爸爸回來了。」可是她走到玄關，卻沒有看見任何人影。

太太心中莫名感到不安，等不及電梯上來，就抱著孩子從逃生門的階梯跑下樓，趕到醫院。抵達病房時，他正好恢復了意識。

聽起來金田應該不是回了老家，而是去另一個世界走了一遭吧。其實，他的雙親在幾年前都過世了。聚在老家一起吃飯的叔叔和附近鄰居，也全不在人世了。更何況小孩還聽見了照理說人不在家的他的聲音。

金田對我說：

「每年的盂蘭盆節，不只我爸媽，過世的人們也都會回到這個世界呢。」

現在，他們全家在每年的盂蘭盆節，都會一起在佛壇前合掌致意。

投胎轉世

在佛教中，有輪迴轉生這個詞，意思就是投胎轉世。據說有些小孩擁有前世的記憶，但科學界對此似乎抱持著不予以肯定也不否定的態度。

不過，既然佛經中闡述了輪迴轉生的系統，我認為應該就是事實了。

人類的能力有精湛拙劣、擅長不擅長之分。

舉例來說，有些人圖畫得很好，但也有人不太會畫圖。還有雙親畫圖皆不出色，小孩卻畫得很好的例子。而且很多小朋友並沒有特別學過繪畫就畫得很好。

根據佛經，在現世能力上的精湛拙劣、擅長不擅長，是由「習氣」所決定的，是一種與生俱來的特質。

「習氣」是指，花費長時間習得的氣。「花費長時間習得」，指的是曾在前世投注大把時間學習。「氣」，則是一種雖然眼睛看不見，卻圍繞在活體周遭的物質。

我想表達的是什麼？就是那些擅長畫圖的人，可能在前世曾經非常努力精進畫技，不然就是單純出於喜愛而時常塗鴉。那些一點一滴的累積，都在現世展現出來了。

因此，雖然有些人會感覺自己付出的努力沒有得到回報，但事實絕非如此。就算在這一世沒有獲得回報，來世，或者來來世，收成的那一天必定會到來。因此人類在死亡之前都必須努力不懈，這是佛經中寫的。

這裡要注意千萬別搞混了，「欲望」和「習氣」是不同的東西。只想滿足一己之私的是「欲望」。相對地，力求提升自我，或者為他人付出的才是「習氣」。

那麼，深陷欲望漩渦的人，來世真的會墜入地獄道、餓鬼道或畜生道嗎？

距今大約二十年前，我對擁有前世記憶的小孩很感興趣，做了一番研究。

一個五歲的小男孩聲稱自己上輩子是一位木匠。我去找他聊天，他說自己前世在德國當木匠，因為工作時從屋頂摔下來而過世。

我當然很想飛去德國調查，但小男孩提供的資訊不足以辨清具體的地點和時代，我只好打消這個念頭。

不過這個小男孩確實從小雙手就十分靈巧，現在也已經成為木匠了。

很多人都在研究這類孩子的故事，但直到現在仍沒有辦法用科學證明前世的存在。

在我調查這些資訊的那段時間，有個人邀我一起去印度旅行。他邀請我時提議，希望和我在沒有其他人打擾的情況下好好深聊有關佛教的話題。

而且他表示來回機票和住宿費用都由他支付，我就開心地答應了。

我們遊覽印度各地，行經王舍城這個地方時，一位印度人突然向我們搭話。

「你們，日本人？」

他操著生硬的日文這麼問。

「對。你日文講得真好。」我回話後，他笑著開玩笑說自己上輩子說不定是日本人。

我們進一步細聊後才知道他曾在日本留學，日文就是當時學的。

我猜測他可能是碰巧遇見日本人，懷念起自己的那段留學時光，才主動搭話的吧。沒想到他其實還另有目的。

當時我還不曉得，自己接下來將遭遇到一次全新的衝擊性體驗。

那個人經營一座牧場，養了許多頭牛。他說在那些牛裡面，有一頭牛前世是日本人。

按照那位印度人的說法，只要對那隻牛講日文，牠就會流下眼淚並專心聆聽。

而且如果用日文向牠打招呼說「你好」，牠就會上下擺動頭。

於是那位印度人就用日文問牠：「你是日本人嗎？」牠又流著淚頻頻上下擺

動頭。

我們聽得興致都來了，便拜託他帶我們去看那頭牛。那位印度人說，他也是為此才向我們搭話的，立刻爽快允諾。

接著，我們就馬上驅車前往那隻牛所在的牧場。那裡放養了好幾十頭牛，印度是不吃牛肉的，因此這裡養的全是乳牛。「所以那隻牛是母牛囉。」我正在心裡這麼推測的時候，那位牧場主人用日文大聲喊，「喂，有日本人來了喔。」結果，一頭體型巨大的牛很快地小跑步靠近了。

牠跑到我們面前，一直望著我的眼睛。直覺告訴我，這隻牛並非普通的牛。

於是，我就開口問了。

「你是日本人嗎？」沒想到牠竟淌下大量淚水，頭不停地上下擺動。

甚至還啜泣似地發出「嗚——嗚——」的聲音。

我相信了，這頭牛真的擁有前世的記憶。

關於前世的記憶，我有一大堆問題想問這頭牛。比方說，你記得上輩子是在哪裡出生的嗎？你從什麼時候開始理解到自己是一頭牛的呢？我好奇的事多如牛毛，但一望見那頭牛盈滿淚水的眼睛，就深怕那些問題會讓牠觸景傷情，問不出口。

「你有前世的記憶嗎？」我這樣問，牠再次上下劇烈地擺動頭。

於是，我為那頭牛念誦《法華經》。

這部佛經可以消除罪障。我全心全意誦經，期盼能消除這頭牛的罪障。

那段時間裡，那頭牛一動也不動地聆聽我誦經。

「我明天再過來喔。」我這樣對牠說，牠深深點了個頭。

離開後我們就近找飯店投宿，晚上兩人熱烈討論今天發生的這件事。

就算牠現在是動物，也不代表前世就一定犯下了罪孽。更何況這世上多的是外表人模人樣，內心卻彷彿已墮落畜生界的人。

話說回來，佛教中講的畜生界，指的是善惡不分的族群所在的世界，並不是單純以形貌作為區分的基準。

只是不管怎麼說，那頭牛實際上也是變成了牛的形貌，同時又清清楚楚地記得前世身為人類的記憶。

為什麼牠會變成今天這樣呢？我沒辦法明瞭箇中原因。至於該為那頭牛做些什麼才好，我也還找不到答案。

隔天，我們就在仍然拿不定主意的狀態下，再次造訪牧場。

結果，昨天那位牧場主人一邊大喊一邊走了過來。

「那個，牛，很奇怪。」他這麼說。

我們慌忙趕緊去看那頭牛，牠巨大的身軀橫躺在地上。

我想也沒想就開口問：「你還好嗎？」

那頭牛聽了，轉動圓滾滾的大眼珠望向我。牠維持著側躺的姿勢，上下擺動了頭幾次。

我只能輕撫那頭牛的頭部。過了一會兒，那頭牛闔上雙眼，不再動了。牠就這樣斷氣了。

牧場主人高興地說，「太好了，太好了。」

他會這樣說，是因為印度一般認為早逝雖然令人寂寞，卻也代表提早受到佛祖的召喚。

現世代表的是「顯現出來的世界」。要說是什麼顯現出來了，就是過去幾世累積下來的修行和業，顯現出了此刻你所置身的世界。

我們人類要是做了壞事，將來有一天必定要承受那個行為帶來的苦果。相反地，要是做了好事，未來也會顯現出好事。只是不知道那是會發生在現世，還是來世。

如果當時那頭牛是因為前世犯下惡行，這一世才會投胎變成牛，那麼我想要相信，牠現在已經轉世為人類，正在積累善行了。

車禍

某天我開車在鄉間道路上時，突然一聲巨響，對向車道的卡車猛烈撞上了電線桿。

雖然出意外的是對向車道，我仍舊下意識急踩剎車，立刻停下來。

撞上電線桿的是一台宅配業者的卡車，駕駛座前面那塊擋風玻璃，上頭的裂痕如蜘蛛網般蔓延，駕駛座正前方更是破了一個大洞。

就像在向周遭宣告這裡出了嚴重的大事似地，那輛卡車的喇叭一直響個不停。

我把車靠邊停好，用顫抖的雙手掏出手機，打電話報警。

「喂喂，在○○町的○○路口附近發生了車禍。」

「請問是什麼樣的車禍？有人受傷嗎？」電話另一頭的人這麼問，想獲知車禍的詳細情況。

一輛小客車從後方撞上宅配業者的卡車，卡車又因為那股衝擊力撞上了電線桿。換句話說，就是一起連環追撞的車禍。

我是坐在車上打電話的，沒辦法確定有沒有人受傷。但這麼嚴重的車禍，不太可能沒人受傷。

「出事的有兩台車，多半有人受傷。」我這麼回答。

我掛上電話，幾分鐘後，聽見警車的呼嘯聲愈來愈接近。

那時，一個人鑽出卡車擋風玻璃上的大洞，爬了出來。

我猜，他要不是駕駛就是坐在副駕駛座上的人。那個人看起來似乎毫髮無傷。我這樣判斷，是因為他正朝我的車跑過來。

我雙腿還抖個不停，沒辦法下車，就繼續坐在駕駛座上，打開一旁的車窗。

「麻煩你報警。駕駛的腳被方向盤卡住了，動不了。」

身穿宅配公司制服的那位男性驚慌失措地請求。

「沒問題。我剛才已經打電話報警了，你聽，警車聲到附近了。」我這麼說完，那位男性道過謝，就又朝卡車跑回去。

警車、救護車，甚至連救援小組都趕到了。在一派悠閒寧靜的鄉下，這起意外的現場顯得格外嘈雜。

警方詢問我車禍發生的經過，我就按照所見老實回答。但再怎麼說畢竟出事的都是對向車道，事情是怎麼發生的，我根本不清楚。

這時，警察告訴我，後面那輛小客車沒有人受重傷。和警察談話的過程中，我逐漸冷靜下來，身體也不再顫抖，便下車走到外面。就在這一刻，爆出了一陣歡呼聲。

看來是救出那位駕駛了。

那位男性駕駛被放到擔架上，直接送進了救護車。

而方才來向我求援的那位男性，也跟在一旁上了救護車。救護車的車門關上的瞬間，那位男性的目光捕捉到我的身影，再度鞠躬致意。

後來，我從報紙上得知這起車禍的詳細經過。

〇月〇日〇點〇分左右，在〇〇町〇〇路口，一位四十多歲的男性酒後駕駛一輛小客車，撞上宅配業者的卡車造成了連環車禍——

看來是酒駕導致的意外。從後方追撞的小客車，車上只有一名駕駛，幾乎毫髮無傷，已因酒駕的罪名遭到逮捕。

至於獨自駕駛宅配業者卡車的男性則不幸過世。那篇報導以這句話作結。

那麼，當時來找我求援的那位男性宅配員工究竟是誰呢？

這件事並沒有就此畫下句點。

由於我目擊了車禍發生的現場，又幫忙報警，宅配業者打電話來向我致謝。

因為這個緣分，我也出席了那位不幸喪命的卡車駕駛喪禮。

在喪禮上，我看向往生者的遺照，照片上的人正是意外發生後跑過來找我的那位男性。

他想必是一出事靈魂就脫離了身體，過來向我求援的吧。

而往生者的家人還告訴我一件事。

因酒駕遭到逮捕的那位犯人說，他因為當時喝到爛醉如泥，幾乎不記得車禍發生時的事了。

但他每天晚上都會做同樣的夢。

那個夢境的內容是，犯人獨自待在家裡，門鈴響了，他去開門，宅配人員說：「有您的包裹。」然後遞來一個紙箱。他收下紙箱一打開，箱裡就突然伸出一雙應是男性的手，緊緊掐住他的脖子。接著，他會因為無法呼吸而痛苦地醒過來，但只要一睡回去，就又會夢見相同的夢境。

這個夢究竟是意外過世那位男性在懲罰他，還是犯人受自身良心苛責而產生的，我們也就無從判斷了。

沒有輪迴的世界

活著的我們此刻最應該思考的事情是，在現世中該怎麼活才符合正道？或者至少也該去反省，自己是否有做出不當的行為。

宗教存在的意義，正是為了檢視這件事。無論哪個宗教，都會強調善待他人及避免傷害他人的重要性。

特別佛教提倡的觀念是，惡行會種下惡業，危害日後的自己；善行則會化為善業，有朝一日將成為自己的助力。

在現世，也就是我們此刻生活的這個世界以外，還存在著死後的世界，俗稱彼岸的世界。

不管我們是在這個世界，或是去了彼岸，重要的都是必須杜絕惡行，不斷行善。

那麼，不斷行善的最終目的又是為了什麼呢？那就是，脫離輪迴。

六道輪迴，分為地獄道、餓鬼道、畜生道、阿修羅道、人道及天道這六個世界。

更上面則有聲聞界、緣覺界、菩薩界、佛界這四界。四界又稱為「四聖道」。只要一直堅持行善，最終就能前往這四個世界。一旦進入這個層級的世界，就再也沒有必要輪迴轉世了。

相反地，無論身處這個世界或死後的世界，如果不多行善事，那麼就算時間過再久，也必然逃不出輪迴的束縛。我們是為了實踐「善」，才出生在世界上的，請把這件事記在心裡，融入每一天的生活當中吧。

後記

我會致力於分享本書中的這些怪談，是出於幾個目的。

第一個是，我希望能透過講述怪談的方式，引發大眾對於佛教的興趣。我是一個僧人，這於我而言是布教的一環。

第二個則是，我希望大眾知道，死後的世界是真實存在的。作為一個僧人，我有許多機會接觸到正面臨死亡而在受苦，或是因親友離世而悲痛不已的人們。

但是我很希望大家能夠明白，對人類而言最難以接受的「死亡」，並非靈魂的終點。

只要明瞭這件事，或許就能有多一分力氣，去超越今生的苦楚及道別的悲傷吧。

第三個，我想告訴大家，既然往生者的靈魂是存在的，那佛祖和神明自然也存在於世界上。

我們人類是一種極為弱小又脆弱的生物。無時無刻都關心著我們人類，想要幫助我們而在一旁守望的存在，是真實存在的。

在本書中〈大黑天神顯靈〉這篇故事的最後，我寫下了這句話。

「儘管你認為自己孤身一人，但佛祖永遠與你同在。就好似小孩全心玩耍時，遠處總有帶著關愛眼神的父母在守護一樣。」

這句話，其實是已離世的爸爸留給我的話。當時太年輕，我沒能理解這句話，但現在我似乎能懂這句話的深意了。我相信已經過世的爸爸，正在遠方守護著我。

閱讀本書的各位，當然佛祖也正在守護著你們。如果這句話能稍稍觸動各位的內心，我會非常高興。

由衷感謝各位拿起本書，閱讀到最後。衷心期盼各位的生活幸福滿盈。

令和二年六月　京都・蓮久寺

三木大雲

京都怪奇談 3

続々・怪談和尚の京都怪奇譚

作　者　三木大雲
譯　者　徐欣怡
主　編　林玟萱

總編輯　李映慧
執行長　陳旭華（steve@bookrep.com.tw）

出　版　大牌出版 / 遠足文化事業股份有限公司
發　行　遠足文化事業股份有限公司（讀書共和國出版集團）
地　址　23141 新北市新店區民權路 108-2 號 9 樓
電　話　+886-2-2218-1417
郵撥帳號　19504465 遠足文化事業股份有限公司

封面設計　許晉維
排　版　新鑫電腦排版工作室
印　製　中原造像股份有限公司
法律顧問　華洋法律事務所　蘇文生律師

定　價　380 元
初　版　2024 年 01 月

電子書 E-ISBN
9786267378359（PDF）
9786267378342（EPUB）

國家圖書館出版品預行編目資料

京都怪奇談 3 / 三木大雲 著 ; 徐欣怡 譯 . -- 初版 . -- 新北市 : 大牌出版,
遠足文化發行 , 2024.01
224 面 ; 14.8×21 公分
譯自 : 続々 . 怪談和尚の京都怪奇譚
ISBN 978-626-7378-36-6 (平裝)
1. 民間故事　2. 日本京都市

539.531　　112021045